Luc Fer

52 balades en famille autour de Lyon

Didier Richard

Dans la même collection petites traces vertes :

52 balades en famille autour de Chambéry - Aix les Bains

52 balades en famille autour de Grenoble

52 balades en famille autour de Marseille

52 balades en famille dans le Pays niçois

Conception graphique de la collection : Thomas Lemot
Photo de couverture : Luc Ferrand

© Editions Didier Richard, 1993
Dépôt légal : 1993 - ISBN : 2-7038-0110-6

Imprimerie J.P. 69150 Décines

Sommaire

Plan de situation des balades	4	Lecture du guide	9
Poussez la porte, les Pays vous attendent !	7	Légendes des dessins	12
Conseils...	8	des 52 balades	

Du Beaujolais aux Monts du Lyonnais

Beaujolais - Mont d'Or
1 - Chapelle de St Bonnet — 19
2 - Les Pierres Folles — 21
3 - Roche de Solutré — 23
4 - Le Mont Cindre — 25
5 - Le Rebat — 27
6 - Crêt de Neiry — 29
7 - Roche d'Ajoux — 31
8 - Les Allanières de Theizé — 33
9 - Tour de Morgon — 35
10 - La Croix de Rochefort — 37

Les Monts du Lyonnais
11 - Crêtes du Grand Bois — 39
12 - Voie romaine de St Bonnet le Froid — 41
13 - La Tour Matagrin — 43
14 - Le Sentier des Terres — 45
15 - Les Aqueducs de Saint Maurice — 47
16 - Le Tour du Bézin — 49
17 - Le Signal de Saint André — 51
18 - Le Crêt de l'Aubépin — 53
19 - La Montée de Riverie — 55
20 - Le Grand Betey — 57
21 - La Croix du Ban — 59
22 - Mont Popey — 61
23 - Mont Pottu — 63
24 - Le Grand Chatelard — 65

Du Pilat à l'Isle Crémieu

Le Pilat
25 - Chapelle de Saint Sabin — 69
26 - Le Saut du Gier — 71
27 - Les Trois Dents — 73
28 - Les Gorges de Malleval — 75
29 - Le Mont Monnet — 77
30 - La Petite Olagnière — 79
31 - Les Crêtes du Pilat — 81
32 - Chartreuse de Sainte Croix — 83

Les Terres Froides
33 - Les Etangs des Chaussées — 85
34 - La Croix des Cochettes — 87
35 - Notre-Dame de Milin — 89

L'Isle Crémieu
36 - Chapelle du Chatelan — 91
37 - Vallon de Chalignieu — 93
38 - Le Grand Mollard — 95
39 - L'Etang de Moras — 97
40 - Circuit de la Balme — 99
41 - Le Traversa — 101
42 - Boucle de Larina — 103

Du Bugey à la Dombes

Le Bugey
43 - Tour de Saint Denis — 107
44 - Mont de Cordon — 109
45 - Le Crêt d'Ordonnaz — 111
46 - Croix de Saint Clair — 113
47 - Buisson Violet — 115
48 - Montagne du Colloverge — 117
49 - Traversée de la Cha — 119

La Dombes
50 - Circuit des Chênes — 121
51 - Les Etangs de Joyeux — 123
52 - Les Onze Etangs — 125

Classements — 126

52 balades autour de Lyon

Beaujolais
- Roche de Solutré
- Mâcon
- Roche d'Ajoux
- Croix de Rochefort
- Tour de Morgon
- Beaujeu
- Chapelle de St Bonnet
- Villefranche

Monts du Lyonnais
- Crêt de Neiry
- les Allanières de Theizé
- Roanne
- Tarare
- les Pierres Folles
- la Tour Matagrin
- Crêtes du Gd Bois
- le Rebat
- Mt Popey
- la Croix du Ban
- Mt Cindre
- Mt Pottu
- Voie Romaine de St Bonnet le Froid
- le Gd Betey
- le Sentier des Terres
- Signal de St André
- le Tour du Bézin
- Crêt de l'Aubépin
- Montée de Riverie
- le Gd Châtelard
- Aqueducs de St Maurice

Pilat
- St Etienne
- la Petite Olagnière
- le Mont Monnet
- le Saut du Gier
- Chartreuse de Sainte Croix
- le Puy
- les Crêtes du Pilat
- les 3 dents
- St Sabin
- Gorges de Malleval
- Valence

Poussez la porte, les Pays vous attendent !

A Lyon comme ailleurs, randonnée rime trop souvent avec montagne. Autoroute aidant, nous ne reculons pas devant les heures de voiture pour aller chercher bien loin ce que nous offrent, aux portes de l'agglomération, les terroirs si contrastés du Pilat, de la Dombes, de l'Isle Crémieu, du Beaujolais, des Monts d'Or...

Cette diversité n'est pas un vain mot. Prenons seulement la terre qui est l'empreinte d'un Pays. Quoi de commun entre le "Gore" sur lequel s'épanouissent les Beaujolais village et le calcaire "Doré" qui colore les villages de la basse vallée de l'Azergue ? La célèbre gastronomie lyonnaise y puise toute sa richesse : des vergers de Brullioles et de Thurins aux carpes et brochets de la Dombes, du pain du Bugey aux salaisons du Pilat ; et surtout la symphonie des crus beaujolais qui la dispute aux Côtes du Rhône du Nord.

Les Syndicats d'Initiatives et Offices du Tourisme de la région sont nombreux, dynamiques et disponibles (j'en ai fait l'expérience). Consultez-les, ils vous aideront à reconnaître les richesses historiques et humaines de leur région.

Les demi-saisons, trop souvent négligées par le marcheur, sont les plus propices à de telles découvertes. La chaleur n'y est plus étouffante et la végétation donne de la couleur sous la lumière rasante de l'automne ou la fraîcheur éclatante du printemps.

Dans l'esprit de cette collection, les itinéraires proposés sont sans prétention athlétique et peuvent être envisagés sur la seule demi-journée au départ de Lyon. Sauf rare exception, ils ne présentent aucune difficulté technique : les enfants y seront les bienvenus. Ces balades sont le plus souvent réalisées en boucle pour tirer le meilleur parti des paysages parcourus.

Enfin, n'oubliez pas que la campagne lyonnaise est l'une des plus habitée de France, les villages y sont d'ailleurs très beaux. Si c'est une qualité supplémentaire, cela impose d'autant plus le respect de la propriété privée et plus particulièrement des cultures.

Que ce guide soit pour vous une invitation à la découverte de votre région et à la curiosité d'autres parcours...

Bonne balade !

Conseils

- Prenez votre temps surtout avec des enfants (comptez deux fois plus de temps pour un enfant de 4 à 9 ans que pour un adulte). Vous pouvez choisir des distances et des dénivelées adaptées à vos enfants. Il faut savoir qu'un adulte grimpe en moyenne 300 m de dénivelée par heure et parcourt dans le même temps quatre à cinq kilomètres.
- Les saisons de prédilection sont indiquées en vert même si la plupart des balades peuvent être parcourues toute l'année.
- Le balisage GR (Grande Randonnée) est souvent mentionné dans les descriptions de balades : il est composé d'un trait blanc et d'un trait rouge superposés.
- Prenez un sac à dos avec un pull ou un vêtement de pluie si le temps annoncé est incertain.
- Evitez les chaussures lisses et les espadrilles. Préférez leur des chaussures de randonnée légères ou des baskets hautes pour les enfants.
- Mettez des pantalons longs si vous risquez de traverser des passages herbeux ou des buissons.
- Emmenez toujours de l'eau : les enfants ont vite soif.
- N'oubliez pas les chapeaux et les casquettes, surtout à l'entrée de l'été.
- Evitez de faire du bruit. Vous aurez peut-être la chance d'entrevoir un lièvre ou un écureuil s'échapper.
- Evidemment respectez la nature. Ne jetez pas vos déchets. Tenez votre chien en laisse. Cueillez les fleurs avec modération et surtout respectez les propriétés : ne touchez en aucun cas aux plantations d'arbres fruitiers.

Lecture du guide

Lecture

Pour bien choisir votre balade, vous disposerez systématiquement des informations suivantes :
- Itinéraire, kilométrage et durée du trajet aller en voiture depuis Lyon
- Saison(s) de prédilection
- Lieu de départ et son altitude
- Altitude du but et/ou point culminant du tracé
- Durée totale de la marche
- Balisage.

Mais aussi et surtout, grâce au plan illustré qui accompagne le descriptif, vous pourrez visualiser l'environnement naturel qui vous attend.
Ce plan illustré et précis a été dessiné après vérifications sur le terrain.
Toutefois, toutes les balades ne sont pas représentées à la même échelle pour des raisons techniques évidentes.
Par conséquent, pour choisir votre sortie, fiez-vous à la durée effective de la marche.
La double page suivante vous apporte toutes les clés de lecture de l'ouvrage.
Les pages 12 à 14 vous donnent la légende détaillée des pictogrammes.

Orientation des plans

En principe les plans sont orientés le Nord correspondant au haut de la page. Quand tel n'est pas le cas, l'orientation est signalée sur le plan.

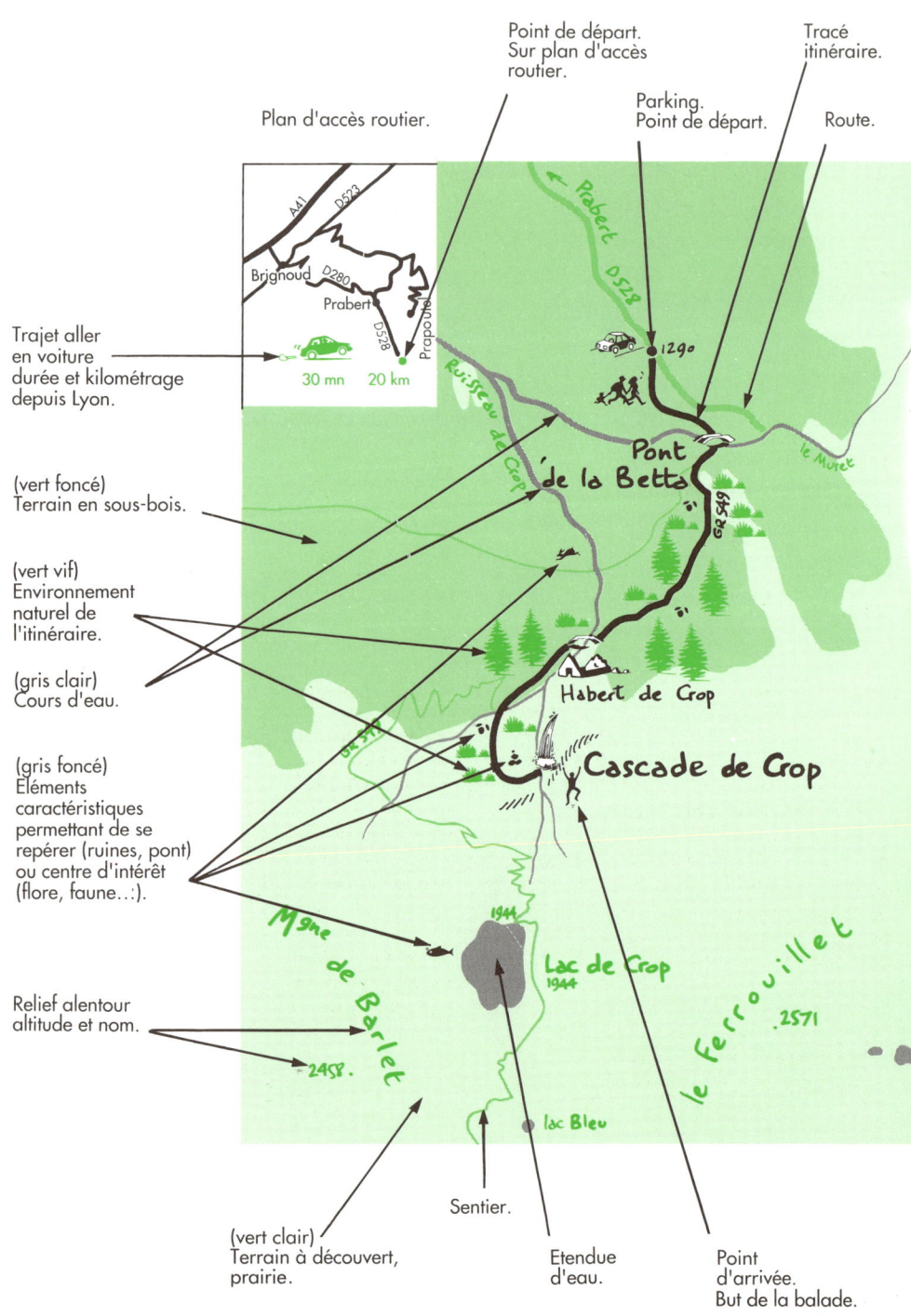

*Indication et altitude, point de départ, parking.

*Altitude du but et/ou point culminant.

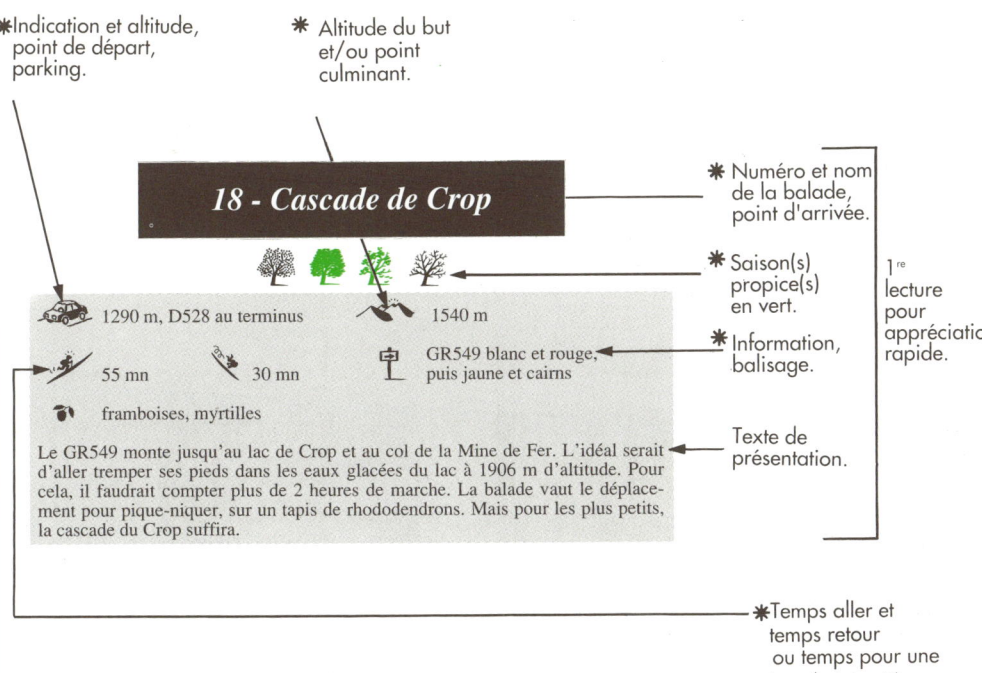

* Numéro et nom de la balade, point d'arrivée.

* Saison(s) propice(s) en vert.

* Information, balisage.

1re lecture pour appréciation rapide.

1290 m, D528 au terminus

1540 m

55 mn

30 mn

GR549 blanc et rouge, puis jaune et cairns

framboises, myrtilles

Le GR549 monte jusqu'au lac de Crop et au col de la Mine de Fer. L'idéal serait d'aller tremper ses pieds dans les eaux glacées du lac à 1906 m d'altitude. Pour cela, il faudrait compter plus de 2 heures de marche. La balade vaut le déplacement pour pique-niquer, sur un tapis de rhododendrons. Mais pour les plus petits, la cascade du Crop suffira.

Texte de présentation.

*Temps aller et temps retour ou temps pour une boucle (circuit).

De Prabert, 7,5 kms après Brignoud, suivez la D528 sur 3,5 kms. 500m avant le terminus de cette route goudronnée qui s'enfonce dans Belledonne, un sentier balisé GR549 part à droite. 5 minutes après, traversez le torrent le Muret sur le Pont de la Betta, dans la forêt. Prenez alors un sentier à gauche fléché "Cascade de Crop, Pas du Boeuf, lac de Crop". C'est le GR549. Laissez sur la droite l'itinéraire du Tour des Sept Laux. Le sentier monte à pleine pente raide en longeant des myrtilles, des arbustes, puis des épicéas. Poursuivez à flanc, sur un replat, laissez un sentier à gauche et goûtez, à la saison, les framboises. Traversez le ruisseau du Crop sur un pont en bois, avant d'apercevoir la cascade sur la gauche. Remontez la rive gauche à travers une prairie envahie d'arbustes, de fougères et de framboises, avant de rencontrer les ruines du Habert de Crop. A la lisière d'une forêt d'épicéas, prenez le sentier de gauche, peu visible en saison, au milieu des myrtilles et des arbustes. suivez le balisage jaune puis les cairns dans les sous-bois. Vous arrivez bientôt au pied de la cascade de Crop.
Redescendez par le même itinéraire.

Description de l'itinéraire.

* Indications de base pour toutes les balades.

Légendes des dessins

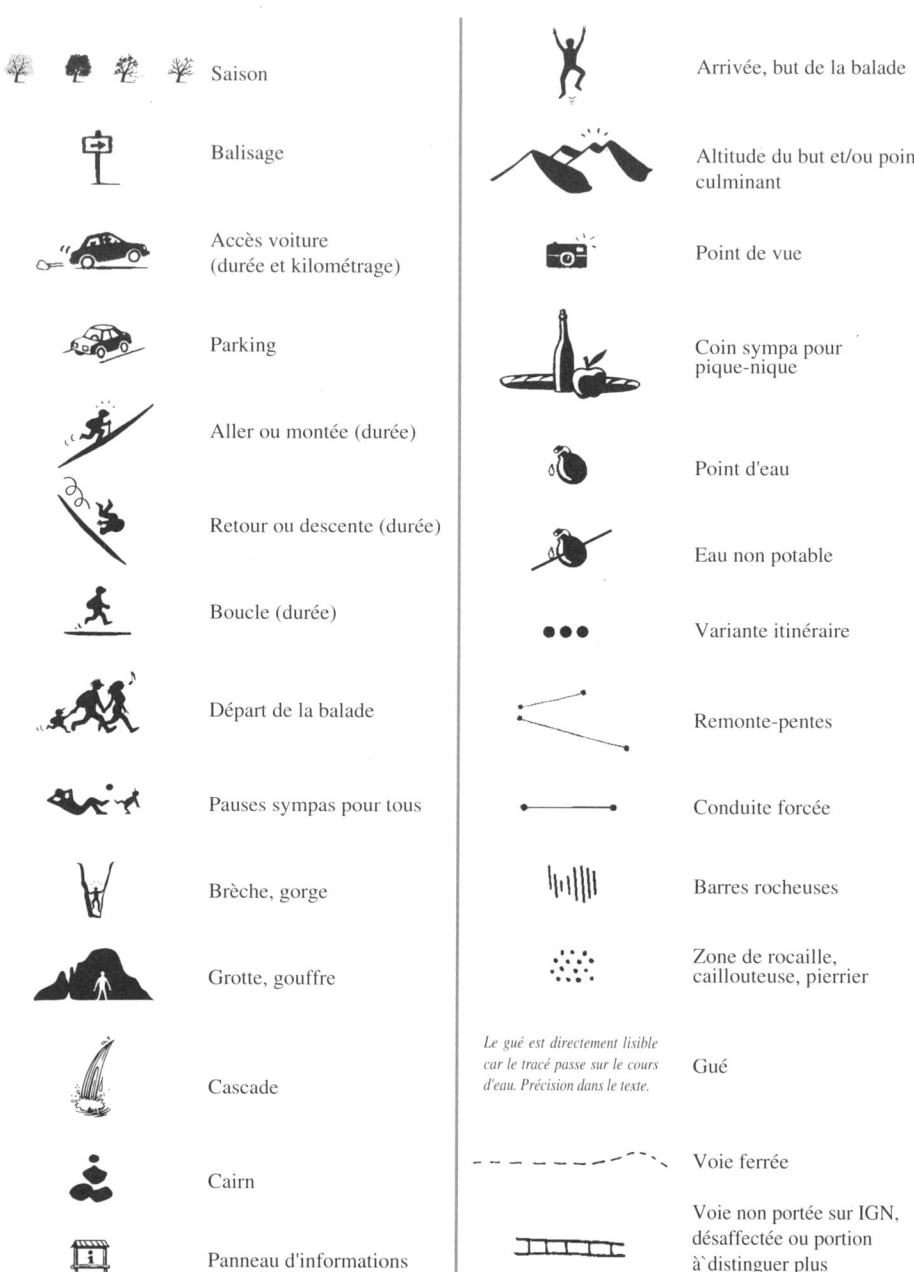

	Rochers isolés		Pilône et ligne haute tension
	Terrain fangeux		Réémetteur TV ou antenne parabolique
	Eglise sans style		Oratoire
	Chapelle romane		Calvaire, croix de chemin
	Curiosité historique		Stèle
	Fort		Fontaine, abreuvoir
	Ville		Réservoir
	Village, bourg, ensemble d'habitations		Pont
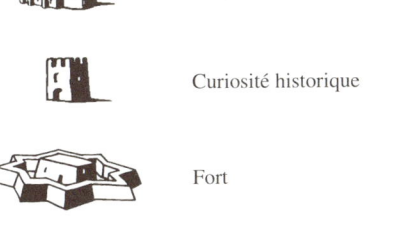	Hameau		Vestiges romains
	Ruine		Massif épineux, buissons (genêts...)
	Maison isolée		Champignons
	Maison habitée (gîte, refuge, abri)		Noisettes, myrtilles, fraises, framboises, noix
			Fleurs
			Vignes
	Plusieurs maisons isolées		Houx

13

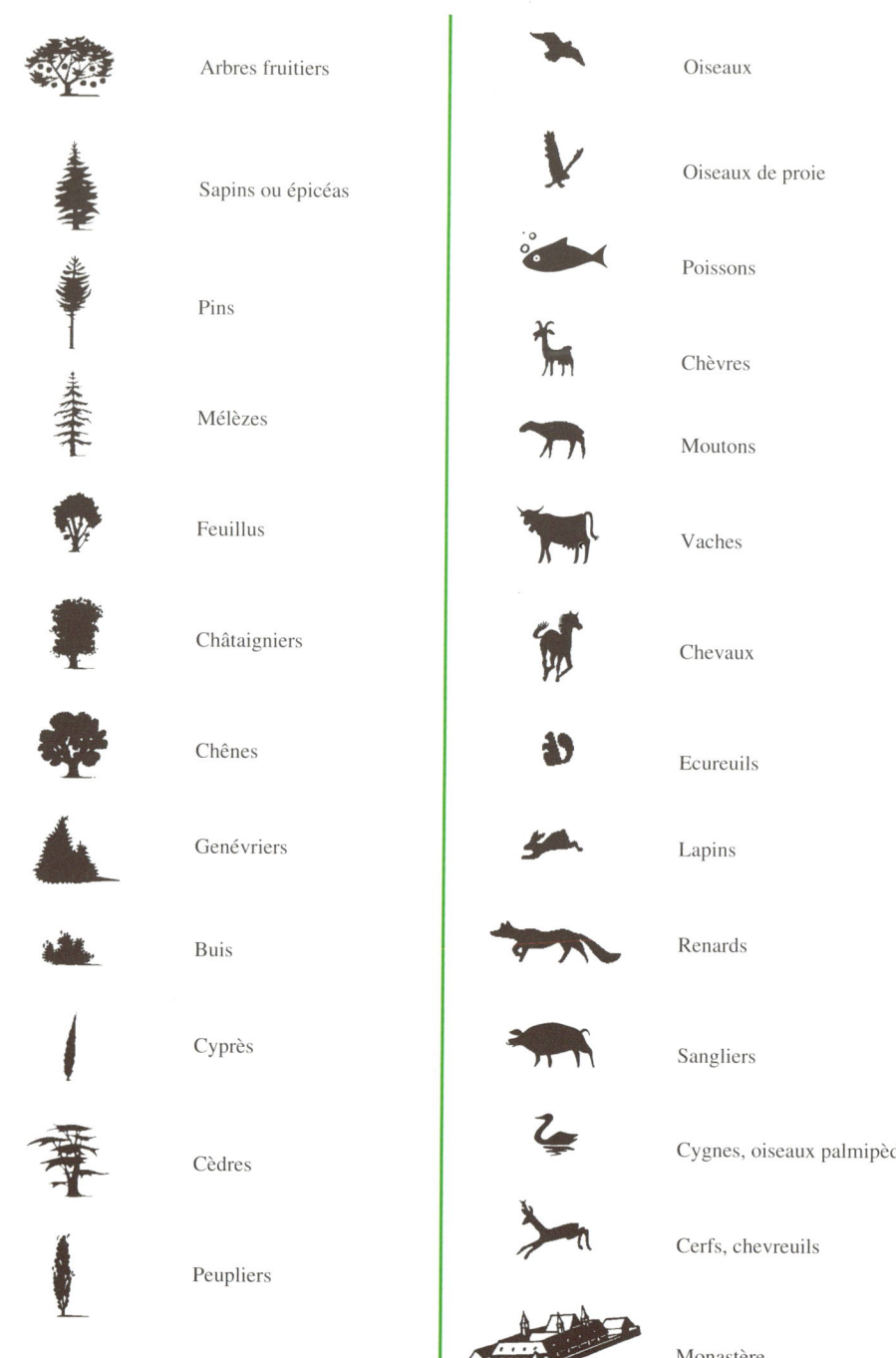

Les petites traces vertes

Du Beaujolais aux Monts du Lyonnais

Temps de marche aller-retour

Beaujolais - Mont d'Or

1 - Chapelle de St Bonnet — 0 h 50
2 - Les Pierres Folles — 0 h 55
3 - Roche de Solutré — 1 h 45
4 - Le Mont Cindre — 1 h 50
5 - Le Rebat — 1 h 50
6 - Crêt de Neiry — 2 h 00
7 - Roche d'Ajoux — 2 h 15
8 - Les Allanières de Theizé — 2 h 30
9 - Tour de Morgon — 2 h 50
10 - La Croix de Rochefort — 4 h 00

Les Monts du Lyonnais

11 - Crêtes du Grand Bois — 0 h 55
12 - Voie romaine de St Bonnet le Froid — 1 h 20
13 - La Tour Matagrin — 1 h 20
14 - Le Sentier des Terres — 1 h 25
15 - Les Aqueducs de Saint Maurice — 1 h 30
16 - Le Tour du Bézin — 1 h 30
17 - Le Signal de Saint André — 1 h 35
18 - Le Crêt de l'Aubépin — 1 h 40
19 - La Montée de Riverie — 1 h 45
20 - Le Grand Betey — 1 h 50
21 - La Croix du Ban — 2 h 00
22 - Mont Popey — 2 h 00
23 - Mont Pottu — 2 h 05
24 - Le Grand Chatelard — 2 h 15

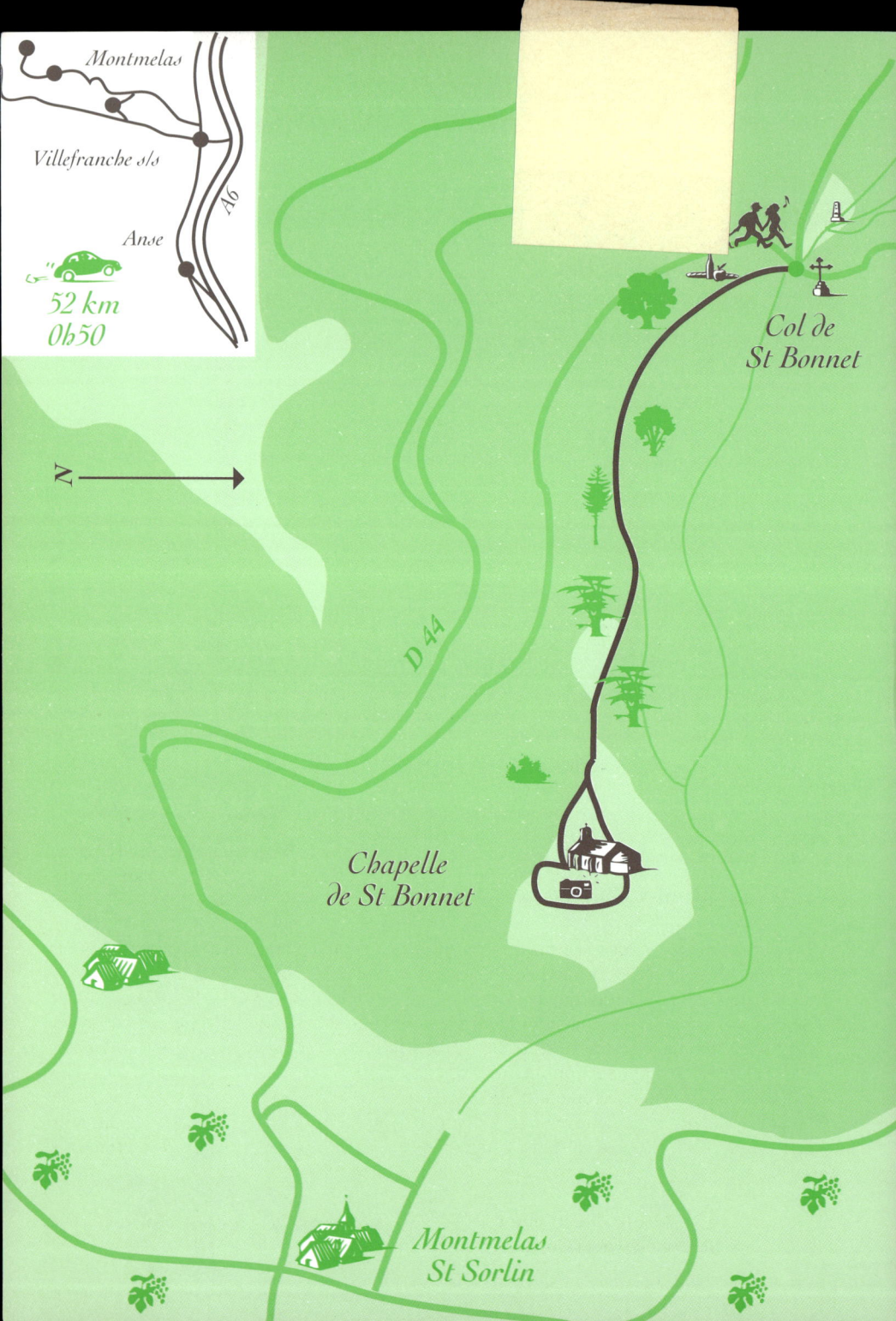

1 - La Chapelle de Saint Bonnet

 Col de St Bonnet - 648 m    676 m

 0 h 30   0 h 20   rouge/bleu clair

 On ne pouvait espérer site plus caractéristique pour entamer cet ouvrage. Court et sur bon chemin, il convient à de très jeunes enfants. Le belvédère sommital qui domine les vagues du vignoble beaujolais et le château féodal de Montmelas, est remarquable. Enfin, cèdres et pins égaient de-ci de-là notre montée.

De Villefranche sur Saône, monter par la D 44 à Montmelas-St-Sorlin. Traverser le village et remonter le versant. Après 2 km, prendre en biseau à droite une petite route qui monte directement au Col de St Bonnet. Se garer près de la croix (aire de pique-nique ; statue).

Du côté de la route où se situe la croix, démarrent deux chemins. Prendre celui de droite qui est balisé. Après un passage à couvert, de chênes clairs et d'acacias, la vue se découvre sur le versant Sud de notre montagne. Elle nous dévoile le pays des Pierres Dorées, les Monts d'Or et les Monts du Lyonnais. Notre chemin se dirige toujours en direction de la plaine. Après un passage bordé de pins sylvestres, l'itinéraire marque un coude vers la gauche. Il revient bientôt dans l'axe de la chapelle que l'on ne tarde pas à apercevoir. Avancer au pied de la colline sommitale dégagée (cèdres, véroniques). Là, prendre à gauche celui qui ceinture la butte et passe au-dessus des vignes, avant de revenir sur la chapelle par le Sud. Le panorama est exceptionnel sur tout le Beaujolais et vers la vallée de l'Azergue. La chapelle, en cours de réfection intérieure, est fermée.

Redescendre sur le chemin direct, bordé de buis qui démarre dans le dos de l'édifice. Par l'itinéraire de l'aller, retourner au Col de St Bonnet.

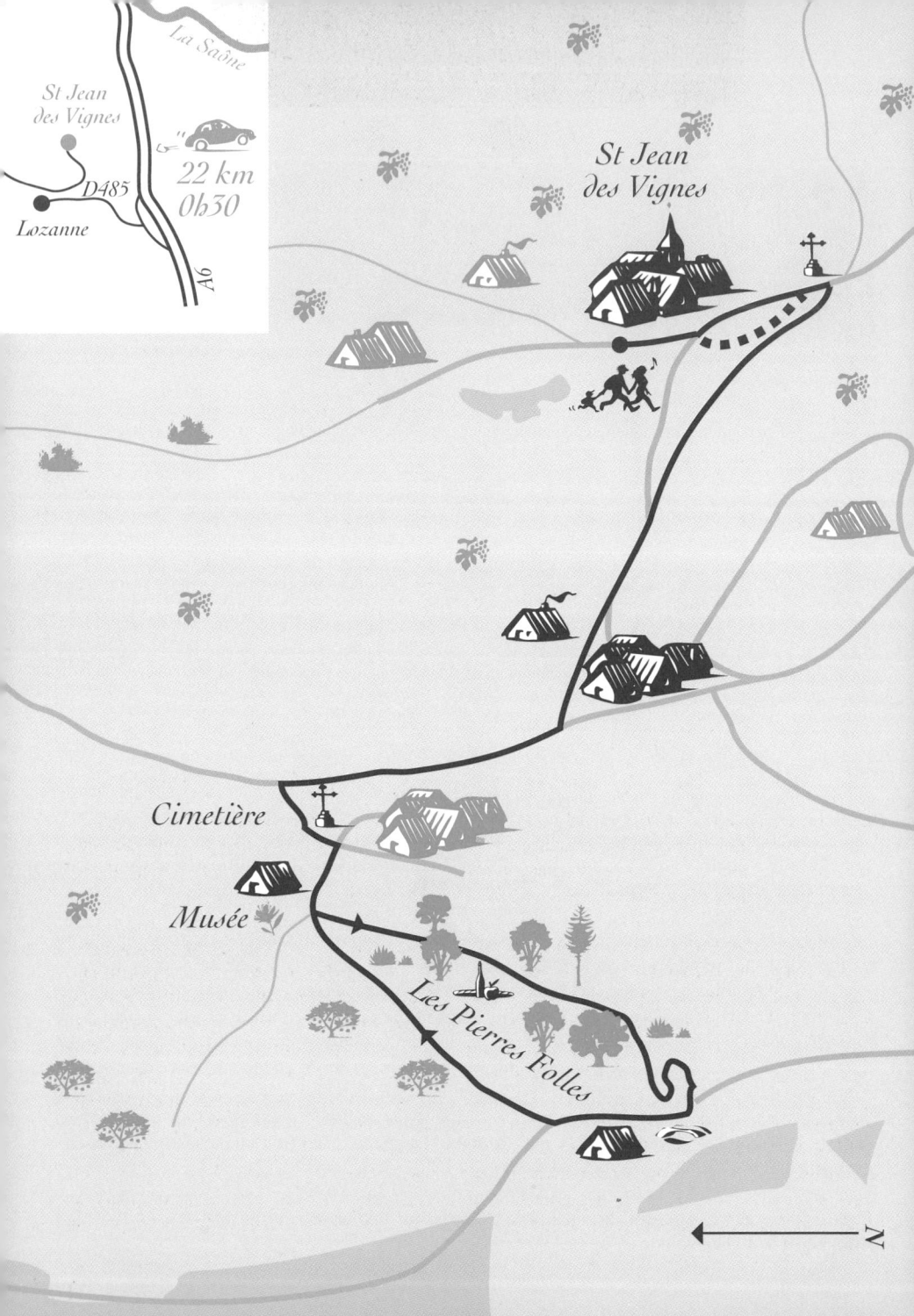

2 - Les Pierres Folles de Saint Jean

 St Jean des Vignes - 360 m   Les Pierres Folles - 380 m

0 h 55   non balisé
(sauf site des Pierres Folles)

 Cette modeste promenade n'est, avouons-le, qu'un prétexte pour relier le charmant village de St jean des Vignes au site pédagogique des Pierres Folles. Bouleaux, érables, pins, mélèzes, bruyère, thym et autres espèces végétales vous y attendent dans un cadre aménagé au milieu du vignoble beaujolais.

Rejoindre Lozanne par la RN 6 que l'on attrape en étant sorti à Limonest, puis par la D 485. A Lozanne, traverser le pont et tourner à droite vers Chazay d'Azergues. Presque aussitôt monter à gauche en direction de St Jean des Vignes. Se garer dans la rue à gauche de l'église, dans le petit parking qui fait face à la mairie.

Revenir devant l'église et contournez-la par la droite ou la gauche. Dans son dos et en contrebas, emprunter le bon chemin qui traverse vers la droite, au-dessus des vignes, pour déboucher au-dessus d'un carrefour routier. Avancer de 50 m et monter à droite sur une petite route qui nous conduit vers le cimetière de St Jean. Monter au cimetière, directement à gauche par un chemin, ou en le contournant par la droite. Dans son dos et bien détaché à droite du lotissement vous apercevez un bâtiment de béton isolé et disgracieux : c'est le musée des Pierres Folles. Le rejoindre par un chemin de terre. Vous êtes sur le site des Pierres Folles qui se déploie sur la gauche (panneaux pédagogiques). Sur 600 m environ, agrémenté d'un petit coin à pique-nique, l'itinéraire décline une foultitude d'espèces végétales (plantes, arbres et arbustes). A l'autre bout de la dépression, 20 m avant le pont, monter à gauche pour rejoindre la route.
Traverser le pont vers la droite, dépasser la maison et, avant les tennis, rentrer à droite dans un beau petit chemin qui ramène au musée (cerisiers). Par l'itinéraire de l'aller retourner à St Jean des Vignes.

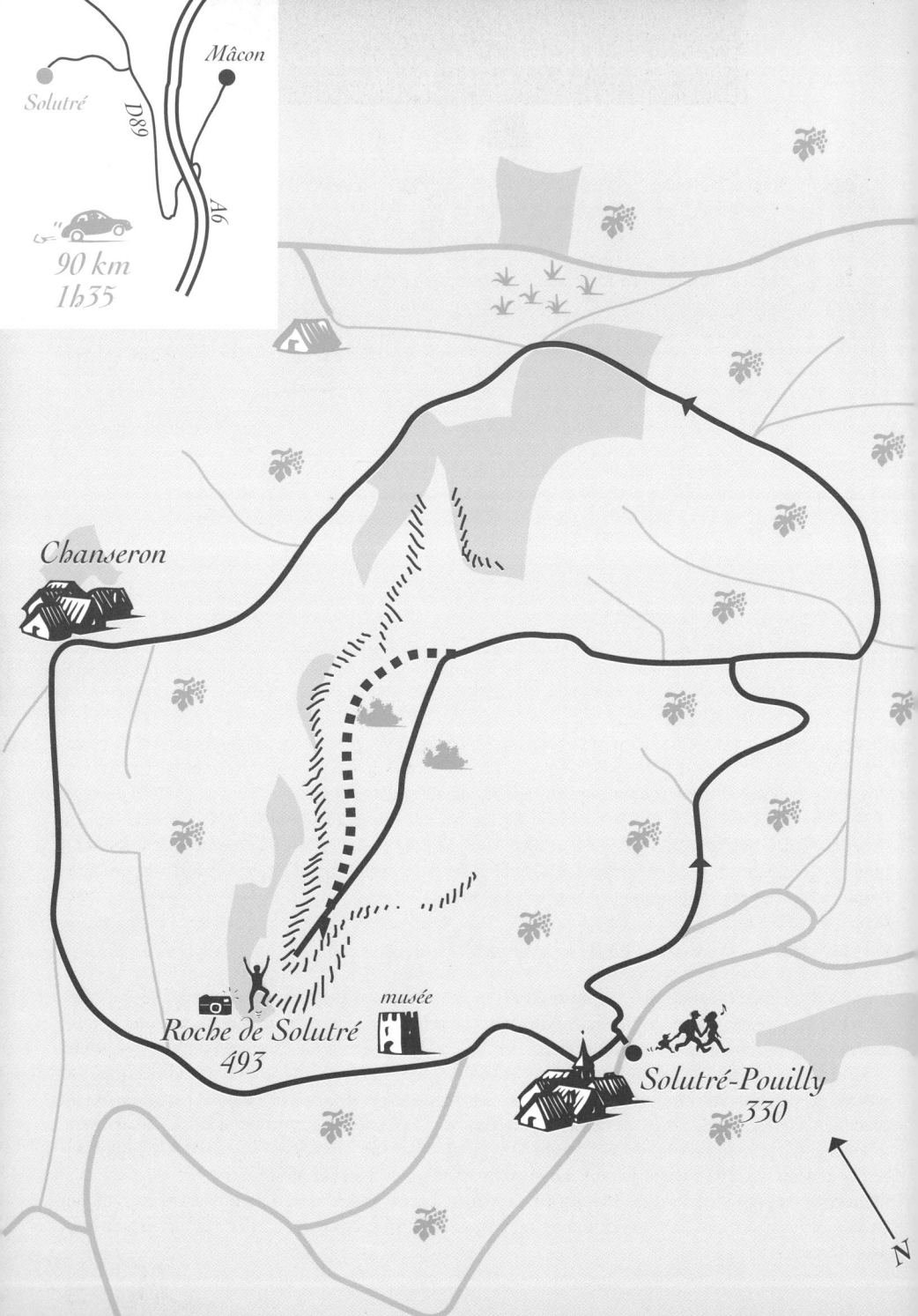

3 - Roche de Solutré

Solutré - 325 m		 493 m
0 h 45	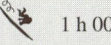 1 h 00	blanc à la montée

musée de la préhistoire à Solutré (Solutréen : période du Paléolithique supérieur).

L'éperon de la Roche de Solutré exerce une fascination qui a rendu son ascension classique au point d'en être infréquentable certain dimanche de Pentecôte. C'est à ses pieds pourtant que s'exercent les délices de la dégustation du vin blanc du Mâconnais et ceux, plus intellectuels, de la visite du musée de la préhistoire.

Prendre l'autoroute A 6 jusqu'à Mâcon-sud. Revenir un peu en arrière sur la RN 6 pour accrocher la D 89 en direction de Prissé. Après 8 km sur cette route, monter à gauche en direction de Solutré. Se garer sur la place principale, devant l'église.

Monter par les ruelles vers le haut du village. Prendre une route à droite légèrement descendante puis, tout de suite à gauche (blanc). Passer devant les dernières maisons et suivre le chemin balisé en blanc qui monte sur la gauche à travers les vignes. Suivre ce sentier (pancarte aux deux-tiers du parcours) pour déboucher enfin sur le plateau sommital. Par de petites terrasses parvenir au sommet (très belle vue).

Pour la descente reprendre le chemin de montée jusqu'à la pancarte. Là, au lieu de redescendre par le même chemin (c'est à dire sur la droite) prendre la trace en face qui semble contourner un grand champ. Au pied de ce champ, prendre à droite et suivre le chemin qui semble nous ramener vers Pouilly. On arrive au milieu des vignes. Descendre par la trace principale et, à la patte d'oie, laisser à droite et à gauche pour prendre en face (direction du lycée agricole/trace blanche sur piquets). Suivre ce chemin qui quitte bientôt les vignes et descend pour passer entre la Roche de Solutré et celle de Vergisson. Arrivé en vue d'un petit étang, prendre sur la gauche le chemin montant (balisage jaune). Le suivre jusqu'aux premières maisons de Chanseron. Là, prendre à gauche devant Pierre Plantée (balisé petit circuit) et suivre ce chemin qui nous ramène au musée préhistorique. Du parking, on aperçoit les premières maisons de Pouilly. Redescendre jusqu'à l'église.

4 - Le Mont Cindre

 église de
St Cyr au Mont d'Or - 300 m

1 h 05   0 h 45

450 m

jaune puis bleu clair jusqu'au plateau du Mont Cindre. jaune pour le retour.

donjon à Saint Cyr.

Les Monts d'Or, et plus particulièrement le Mont Cindre, ont les pieds dans la ville. Ils méritent donc d'être parcourus, d'autant qu'un réel effort a été accompli pour en baliser les nombreux sentiers. Les murs ocres des belles demeures et les méandres paresseux de la Saône sont autant de motifs de récréation pour une escapade à la demi-journée.

Le départ de cette randonnée s'effectue depuis la commune de St Cyr au Mont d'Or, située en rive droite de la Saône, un peu au-dessus de Vaise. Il est conseillé de se garer soit sur la place de l'église, soit, un peu en dessous, sur la place de la République (terminus de la ligne 20).

Prendre, à gauche de l'église, la rue du Lieutenant Gérard. Tourner à droite dans la rue du Couter puis monter dans la côte de la Blatterie pour la suivre jusqu'à son terme lorsqu'elle s'étire à plat en direction de Collonges. Poursuivre sur un chemin mi-goudronné, mi-herbeux qui monte un peu et longe quelques murs d'enceinte (variante balisée plus complexe par le sentier inférieur). Après un court passage sur chemin de terre déboucher sur les maisons du haut de Collonges. Au croisement, prendre la direction balisée "Couzon" par le chemin des Gorgerates (nous redescendrons par le chemin de Gorgerat). Il file horizontalement vers le Nord, dévoilant les rives de la Saône. Ce sentier va ceinturer, sous bois, les versants Est et Nord du Mont Cindre. Traverser directement le micro-vallon de Gorgerat (ne pas monter par les petites sentes ; fraisiers). Le sentier traverse désormais un versant plus pentu et commence à monter. Tourner à gauche lorsqu'il débouche sur un bon sentier transversal. Remonter en lisière et la longer vers la droite. Dans une fourche à l'approche de la route, tourner à gauche pour entrer dans un beau chemin caillouteux. Surveillez votre gauche pour tourner encore après 50 m (balisage jaune).
Un sentier entre deux haies va nous faire retraverser le plateau du Mont Cindre (vue sur la tour sommitale et le Mont Thou ; marguerites et œillets). Conserver le cap et redescendre jusqu'à une épingle de la route qui monte au Mont Cindre. Plonger tout droit dans un chemin pierreux. Il s'agit du chemin de Gorgerat qui nous ramène au croisement des maisons du haut de Collonges. Tourner à droite et, par l'itinéraire de l'aller, revenir à l'église de St Cyr au Mont d'Or.

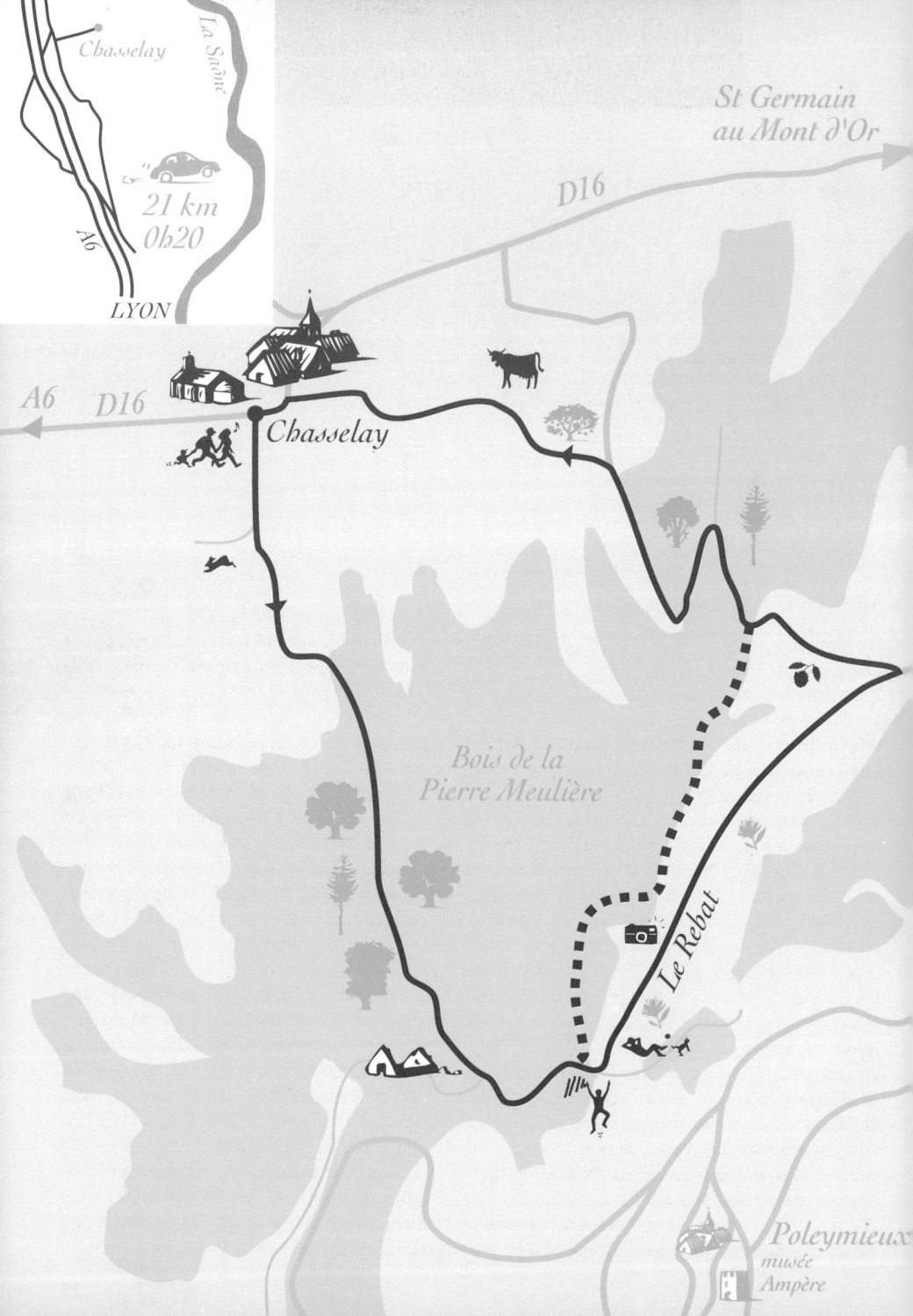

5 - Le Rebat

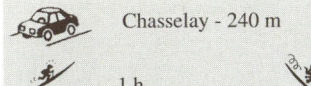

 Chasselay - 240 m   490 m

🏃 1 h   🐇 0 h 50   🪧 rouge pour la montée,
bleu clair puis jaune pour la descente

🌸 églantiers, marguerites

🐇 lapins de garenne au-dessus de Chasselay

La montée vers la prairie du Rebat, depuis Chasselay, se déroule entièrement sur l'envers du massif qui regarde le Beaujolais. Du sommet de la boucle, le panorama est remarquable sur la Saône et la Dombes. Au retour, une visite s'impose au musée de la maison d'Ampère, savant génial et distrait qui donna son nom à une unité de mesure électrique et qui vécut son enfance à Poleymieux.

Sortir de l'agglomération par l'autoroute A 6 que l'on quitte à Lissieu. Traverser le bourg par la RN 6 puis tourner à droite vers Chasselay. Rentrer dans le village pour se garer au bout de la ligne droite, sous les marronniers du parking de l'étang (à droite).

A l'entrée du parking, remonter entièrement vers la gauche la rue du Plantin. Elle longe le mur d'enceinte du château et se prolonge par un chemin direct (lapins fréquents). Conserver le même chemin lorsqu'il décroche vers la gauche (rouge). Rentrer sous les chênes et reprendre la ligne de plus grande pente. Devant une clairière de pins, abandonner la crête et couper à gauche dans le versant par un large sentier sableux (châtaigniers). Le sentier plus petit, plus sinueux et de plus en plus humide reprend son ascension. Dépasser une ruine. L'itinéraire tourne vers la gauche au fond du vallon. La pente reprend jusqu'à un rocher calcaire (buis) qui précède l'abandon du balisage rouge. Monter droit pour sortir à découvert (humide) 50 m plus haut. Nous sommes sur le Rebat.

Prendre tout naturellement la piste qui descend lentement vers le Nord-Est et la Saône (tabac d'Espagne, boutons d'or, orchis vanille, églantiers ou rosiers des champs, marguerites). Surveillez votre gauche car 500 m après la reprise du goudron il faudra s'enfiler dans un chemin en contrebas qui revient sur la gauche (balisage bleu clair ; églantiers, noisetiers, frênes). Le chemin se dirige vers le versant qui domine Chasselay. On suivra, lors des bifurcations du début de la descente, le plus grand chemin dans la ligne de plus grande pente (bleu clair). Après une épingle à droite, longer un verger (cerisiers) et 100 m après un bosquet de pins, traverser à gauche vers le fond du vallon (balisage rouge et jaune) et descendre jusqu'au terminus d'un chemin goudronné (ruches). Là, tourner à gauche dans un agréable chemin qui ramène par détours et faux plats (vaches, cerisiers) aux premières maisons de Chasselay. En virant à droite puis à gauche, selon le balisage, retourner au parking de l'étang.

6 - Crêt Neiry

	St Just d'Avray - 550 m		660 m
	1 h 15		0 h 45	jaune
	chevaux en pâture sous le château		

Saint Just d'Avray est un peu excentré par rapport la montée de la vallée de l'Azergue. Le cadre naturel et sauvage de ce village haut perché mérite le détour. Les perspectives du Col de Joannes sont aussi étonnantes que le site des Roches Fayettes.

Sortir de l'autoroute A 6 au niveau de Limonest et prendre la direction de Lozanne. Remonter la vallée de l'Azergue, par la D 485, jusqu'après Chamelet. Monter à gauche au carrefour avec la D 98 qui conduit à Amplepuis. Après 5 km, rentrer dans le bourg de St Just d'Avray perché sur une butte. Au bout de la rue principale, tourner à droite pour rejoindre le grand parking de l'église.

Revenir au croisement de la route départementale. Traverser le croisement et par une petite route rentrer dans le vallon (balisage jaune). Après le pont, emprunter la petite route de gauche, avancer jusqu'à une nouvelle bifurcation marquée d'une croix. Aller à droite et traverser les bâtiments de ferme (balisage jaune). Descendre jusqu'au ruisseau suivant, à l'orée du bois. Sur l'autre rive, on débouche sur un chemin transversal. Prendre à gauche et traverser jusqu'au vallon suivant. Là, remonter en face par une trace directe au milieu des prés jusqu'aux bâtiments agricoles. Suivre la route vers la gauche. Elle contourne le versant. Dans une épingle on l'abandonne pour remonter le chemin de droite balisé (jaune). On retrouve la route un peu plus haut. Remontez-la jusqu'au col et au hameau de la Joanas (balisage jaune). Peu avant le croisement de routes, emprunter à gauche le chemin balisé bleu qui nous amène vers une grange. Contourner le bâtiment et avancer vers la colline. Tourner franchement à droite et tirer à flanc. Rentrer sous bois (balisage bleu) pour aller contourner le Crêt de Neiry par l'Est. Laisser monter à gauche le petit chemin qui va au sommet (bleu) et continuer à tourner vers le nord. Déboucher dans une clairière formant carrefour. Sous le chemin de droite une petite sente balisée jaune mène aux Roches Fayettes (pierres de porphyre rouge à cupules).

Revenir dans la clairière. Prendre à gauche le chemin qui revient vers St Just d'Avray en traversée (balisage jaune). Derrière une ferme abandonnée, plonger dans une petite sente directe (balisée jaune). Elle rejoint les maisons de Neiry. Négocier une épingle sur la route et descendre en tirant toujours à droite jusqu'à une nouvelle ferme (boîte postale jaune). Descendre encore à droite par le chemin qui va traverser le ruisseau et remonte sous le château jusqu'à la route départementale. Par la route à gauche rentrer dans le bourg.

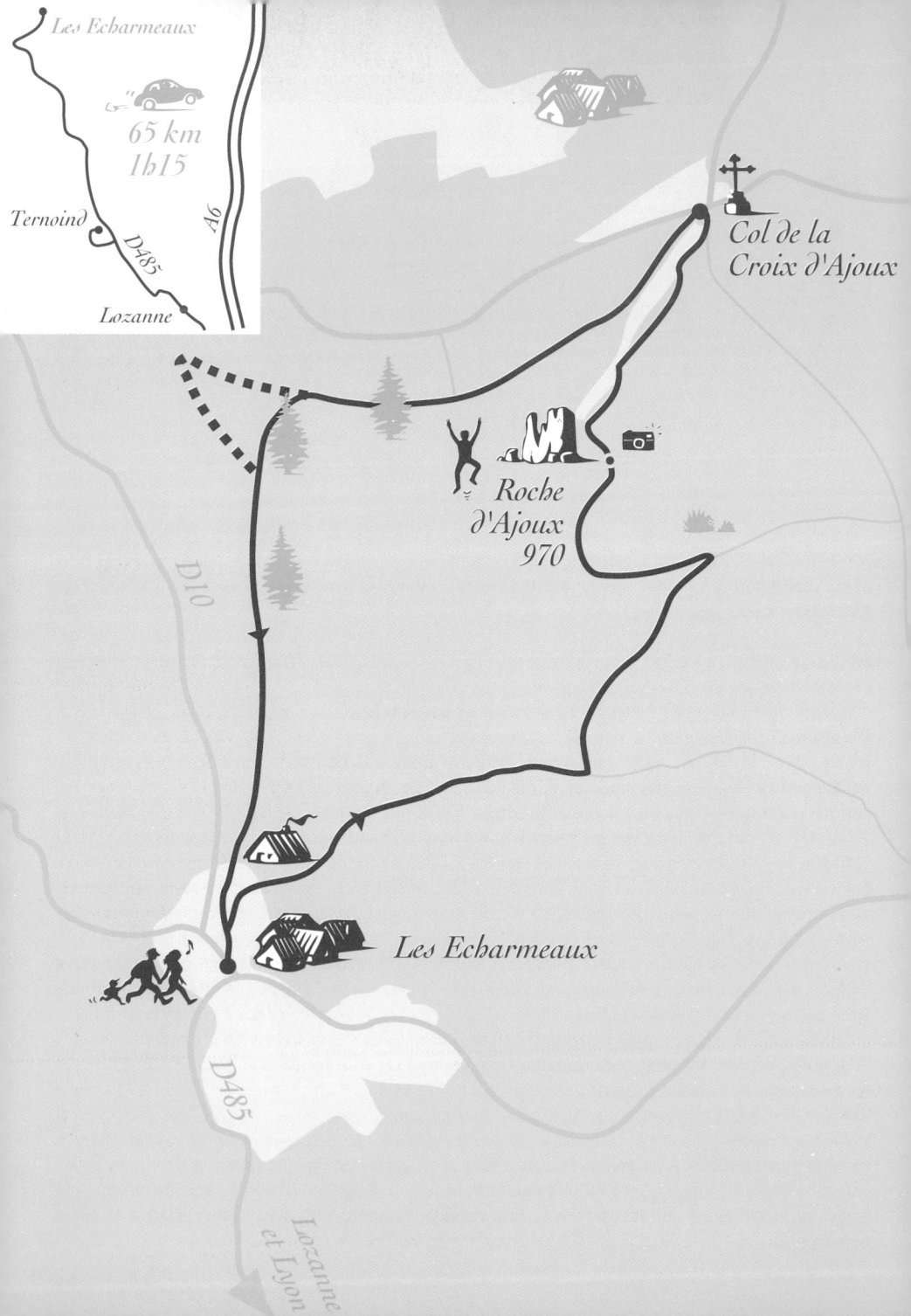

7 - La Roche d'Ajoux

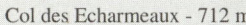

Col des Echarmeaux - 712 m		970 m
1 h 05	1 h 10	jaune (et GR au début)
genêts		gîte d'étape aux Echarmeaux

Aux confins de la vallée de l'Azergue et du département du Rhône, s'élèvent les sombres forêts de la Roche d'Ajoux. La pierre et les genêts renforcent son caractère. Au retour de la Croix d'Ajoux, surveillez bien votre gauche pour quitter le chemin qui descend à Propières et traverser la futaie.

Sortir de l'autoroute A 6 au niveau de Limonest et prendre la direction de Lozanne. Remonter entièrement la vallée de l'Azergue, par la D 485, jusqu'au Col des Echarmeaux. Se garer à droite dans le hameau.

Monter au Col des Echarmeaux proprement dit. Traversez-le en direction de Propières. Après 20 m, un chemin goudronné balisé monte à droite entre les maisons. Presque aussitôt se présente une patte d'oie. Choisissez en face le large chemin balisé qui longe par la droite les barrières blanches d'une belle propriété. Il tire progressivement dans le versant Est de la montagne. Derrière un long passage soutenu, il reprend sa traversée à flanc jusqu'à une bifurcation avec un sentier amont où le circuit jaune et le GR se séparent, momentanément. Il est plus logique de rester sur le chemin du circuit jaune. Peu après sur un épaulement, laisser descendre le chemin et continuer versant Nord-Est avec le balisage. On retrouve sans tarder le GR. Avec lui, remonter souplement vers le Nord au milieu des genêts. Le sentier parvient à une bifurcation renversée. En suivant les deux balisages, remonter à gauche en épingle. La sente va réaliser une grande courbe vers la droite ; elle rentre sous bois et attaque la crête faîtière. Rejoindre le rocher sommital par la droite. Il est accessible par le versant Ouest (belle vue).
Le sentier, lui, change de versant puis tire à flanc vers la droite. On retrouve le balisage pour replonger dans la pente, pour à nouveau retraverser à flanc jusqu'à découvrir entre les arbres les hameaux du versant Nord-Est. On débouche incessamment sur un chemin de traverse. Virer à gauche avec le balisage GR et jaune pour déboucher sans tarder au Col de la Croix d'Ajoux.
Abandonner ici le GR et tourner plutôt à gauche dans un chemin qui suit la lisière en faux plat (jaune). Rentrer sous bois et laisser à gauche un premier chemin lorsque le vôtre commence à redescendre. Négliger quelques chemins de moindre importance qui descendent en pleine pente, pour arriver dans un secteur peu pentu. Surveillez votre gauche car il faudra se glisser dans un chemin peu marqué (croix jaune) qui part en tangente à gauche dans la futaie. Il rejoint très vite, horizontalement, un nouveau chemin creux, dans un virage. Continuer à plat vers le Sud. Couper non loin de là un croisement complexe sans modifier votre cap. Toujours tout droit, le chemin retrouve les barrières blanches de la grande propriété puis le Col des Echarmeaux.

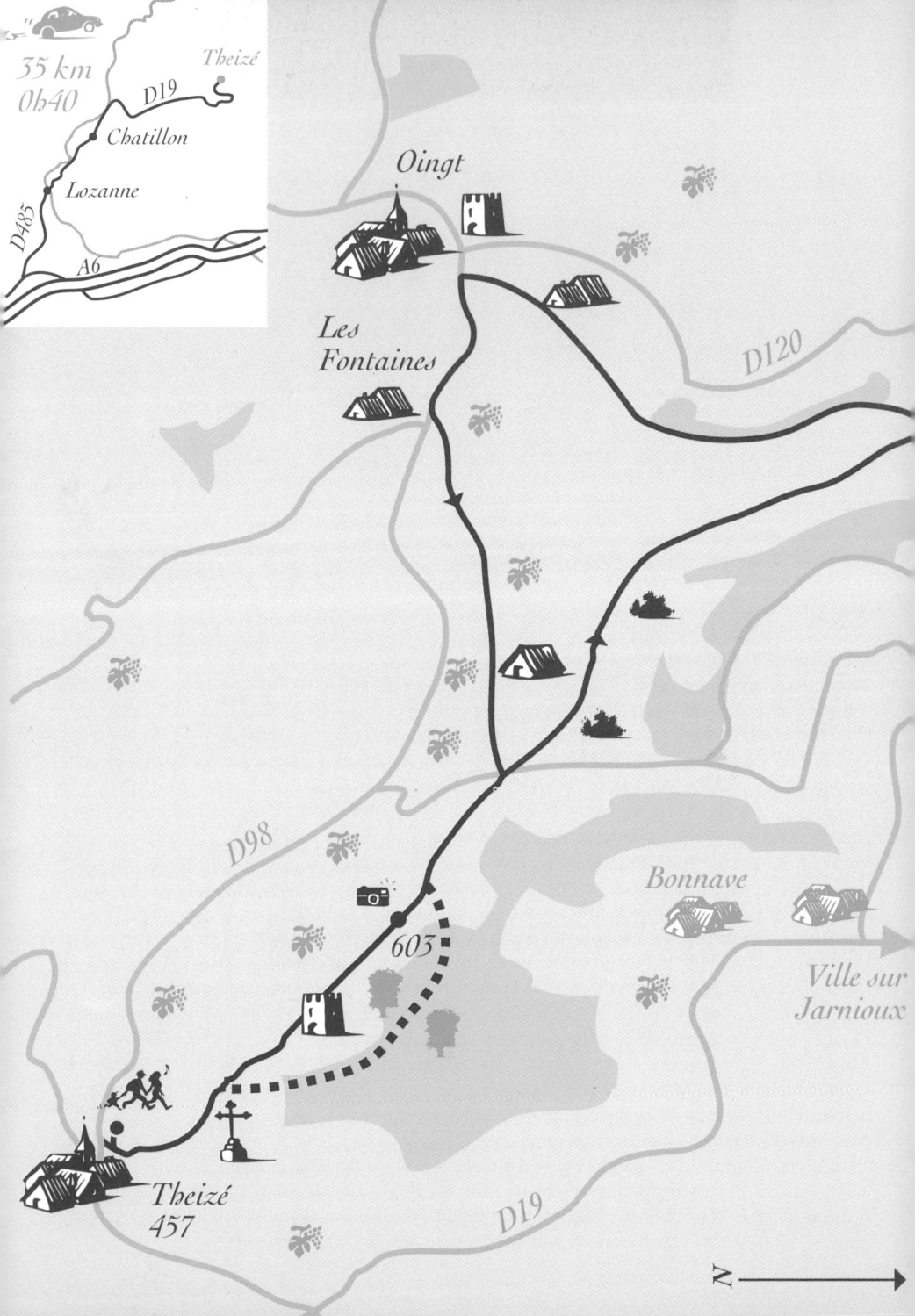

8 - Les Allanières de Theizé

 Theizé - 457 m   652 m

 0 h 50   1 h 40    jaune (assez rare)

 visite du Château de Rochebonne (XVIIe siècle - ouvert l'été et en week-end). Donjon médiéval à Oingt.

Entre le Château de Rochebonne à Theizé, et les fortifications du village d'Oingt, règne l'harmonie du Pays des Pierres Dorées. Il fallait bien que la terre soit généreuse pour donner d'aussi chaudes couleurs aux façades... et au vin.

Rejoindre Lozanne par la RN 6 que l'on attrape en étant sorti à Limonest (A 6), puis par la D 485. Au niveau de Chessy, tourner à droite par la D 19 qui conduit à Theizé. Se garer sur la place principale devant l'église.

Prendre la rue qui monte direction "vieille église". Au niveau d'une croix, prendre la rue à gauche et la suivre jusqu'à la sortie du village où elle se transforme en chemin qui monte raide. Ce chemin serpente à travers les buis et les murets de cailloux. Il passe devant une tour ronde puis suit la crête jusqu'à une borne (jaune). Rester sur la crête (blanc à même le sol). La trace descend et rejoint une route au lieu-dit Le Bandillon. Là, laisser sur la gauche la trace qui va vers le Bois d'Oingt et continuer 100 m sur la route. Prendre à gauche le chemin balisé en direction du Navoureux. Le chemin passe sous les buis et rejoint en une trentaine de minutes la route sur laquelle passe le GR 76 en direction du Col de Chatoux.
Revenir en prenant la route en sens inverse, direction "le Bois d'Oingt" jusqu'à Oingt. A l'entrée du village, tourner tout de suite à gauche sur une route que l'on suit jusqu'au lieu-dit "Les Fontaines". Là, prendre à gauche la petite route ("sentier pédestre") pour, après 500 m, suivre en face un chemin où la direction du Bandillon est indiquée. Le chemin passe devant une ferme au milieu des vignobles et rejoint le lieu-dit "Le Bandillon" où nous étions passés à l'aller. Faire l'itinéraire du départ en sens contraire - soit entièrement par la crête, la borne et la tour - soit en gardant le chemin le plus large qui descend dans une forêt de châtaigniers et tourne à droite sur un grand chemin plat qui retrouve l'itinéraire de base à l'entrée de Theizé.

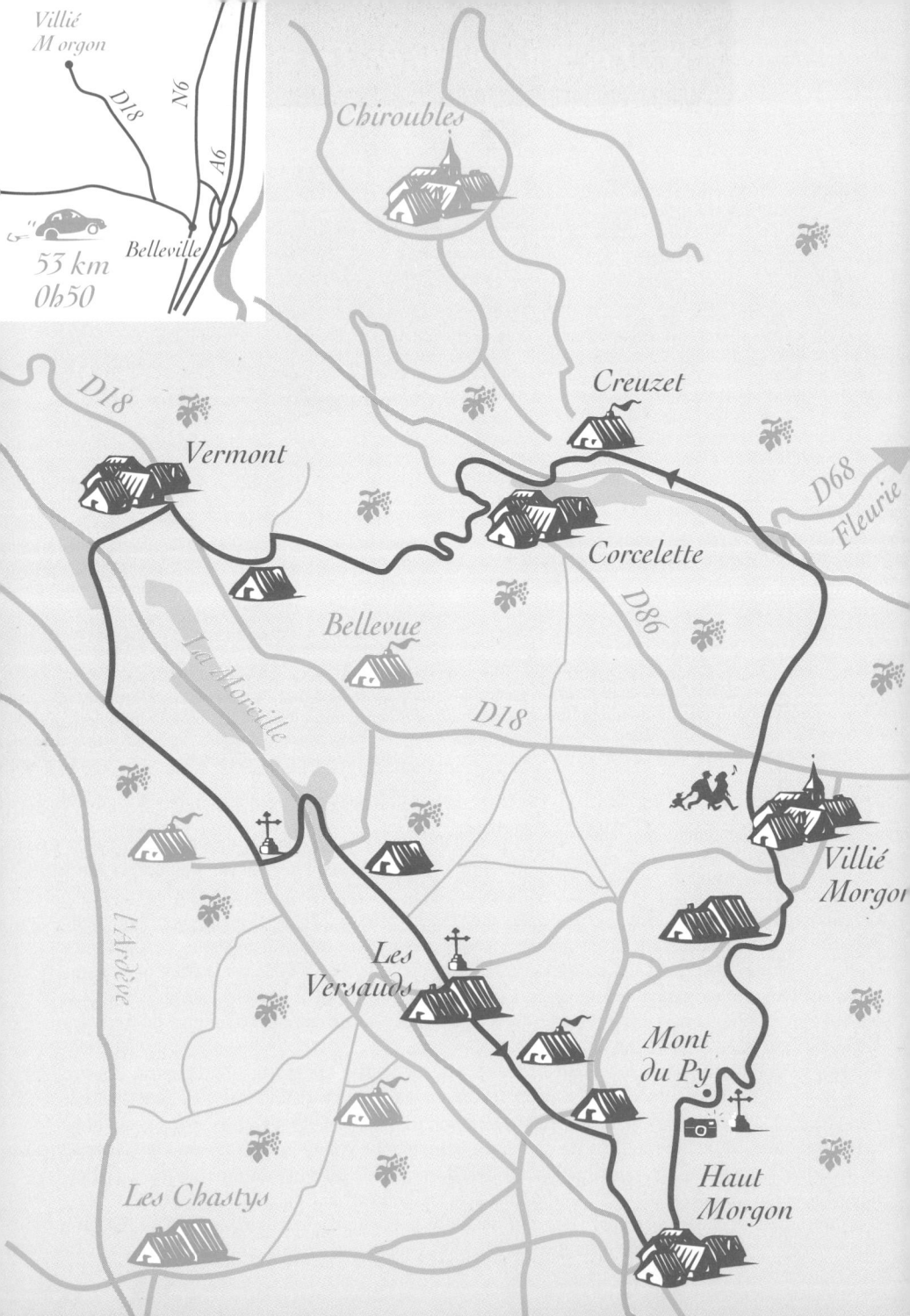

9 - Tour de Morgon

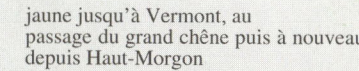

10.09.94

 Villié-Morgon (place de l'église)

 2 h 50

 cru de Morgon

 chêne tricentenaire au franchissement de la Morcille

 Vermont - 425 m

jaune jusqu'à Vermont, au passage du grand chêne puis à nouveau depuis Haut-Morgon

Même si l'itinéraire tourne beaucoup, vous réserverez la dégustation pour après la balade. Tortillant au milieu des vignes, épongeant votre front, la langue desséchée, vos pensées vaqueront, bercées par les doux noms de Morgon, Chiroubles et Fleury.

Sortir de l'autoroute A 6 à Belleville. Traverser la ville et prendre la direction de Beaujeu. Juste après le pont de chemin de fer, tourner à droite (D 18) en direction de Villié-Morgon. Se garer sur le grand parking de l'église.

D68

Revenir dans le village et rester sur la rue principale qui sort vers le Nord en direction de Pouilly [Fleurie]. Après les dernières maisons elle rentre dans un petit vallon. Juste avant le pont, un chemin s'enfonce à gauche. Il traverse quelques prés et remonte en serpentant au milieu des vignes. A l'approche des premières maisons de Creuset, 30 m après un cerisier remarquable, il faut bifurquer dans le chemin qui coupe à flanc et se dirige à gauche vers le fond du vallon. Après quelques centaines de mètres il est bitumé. Il traverse le ruisseau près d'un bassin et remonte sèchement jusqu'à la route de Chiroubles. Revenir à gauche vers Corcelette et tourner à droite devant les premières maisons. Après 50 m, filer droit sur un chemin goudronné qui remonte directement la colline de Beauregard. La terre fait suite au bitume. Notre itinéraire prend tout droit à chaque croisement et rejoint le hameau de Vermont. Passer dans le dos des premières maisons et rejoindre la D 18.

Remonter de 20 m pour descendre à gauche dans le vallon de la Morcille. La petite route grimpe de l'autre côté du ruisseau. On débouche sur la route de Saint Joseph. Redescendre alors à gauche vers Haut-Morgon jusqu'à un croisement marqué d'une croix. Tourner à gauche et suivre le chemin qui rentre sous bois. Il retraverse le ruisseau de la Morcille près d'un magnifique chêne. Sur l'autre rive, l'itinéraire court vers l'aval pour retrouver une petite route. Continuer à descendre jusqu'aux Versauds. Prolonger jusqu'au hameau de Haut-Morgon, situé à droite du Mont du Py. Tourner à gauche entre les maisons et monter entre les vignes jusqu'à la croix sommitale du Mont. Descendre de l'autre côté sur les faubourgs de Villié Morgon. Aux premières maisons tourner à droite, puis à gauche vers le parc, l'église et son parking.

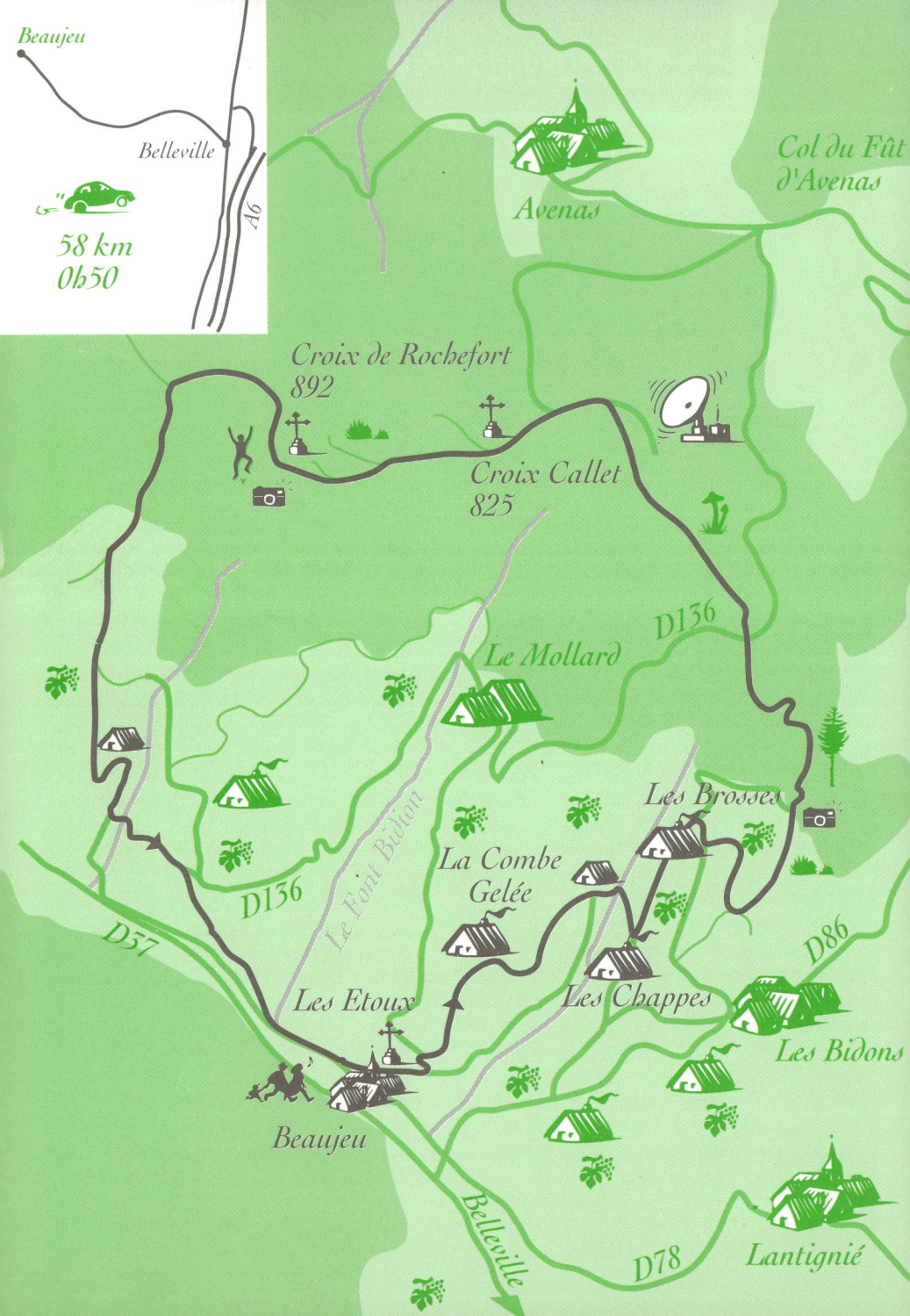

10 - La Croix de Rochefort

04/99

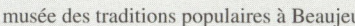

 Beaujeu - 290 m   892 m

2 h 45   1 h 15   jaune (partiellement
                             interrompu à la montée)

musée des traditions populaires à Beaujeu

L'itinéraire traverse tous les étages de la montagne beaujolaise. Beaujeu fut pendant quatre siècles, la capitale historique de la province indépendante des Sires de Beaujeu. L'ascension assez longue de la Croix Callet et de Rochefort nécessite une attention toute particulière aux nombreux changements de direction.

Rejoindre Beaujeu en sortant de l'autoroute A 6 à Belleville. Traverser Belleville et remonter par la D 37 jusqu'à Beaujeu.

De l'église revenir par la rue principale devant l'hôpital et monter à gauche (les Etoux, balisage jaune). Tourner à gauche devant une croix. Aussitôt après, sous le cimetière des Etoux, virer à droite pour traverser vers la Combe Gelée. Dépasser la ferme et tourner à gauche dans le dos des bâtiments par une petite route qui revient vers l'Est. Dès qu'elle attaque l'épaule du versant, s'échapper à droite par un petit chemin à plat. Il double quelques maisons à vignes et redescend en faux plat vers le fond de la combe du Bouillé. Rejoindre la route dans un virage. Passer un pont et monter vers la côte des Chappes (balisage jaune). On débouche sur une nouvelle route qui monte à gauche vers les Brosses. Tourner à droite à la seconde maison. Après 50 m de descente, monter à gauche. Le chemin tortille dans les vignes et va rallier presque en faux plat, un dernier épaulement que nous remonterons. Sur l'épaulement, un chemin raide et balisé va nous porter, presque sans discontinuer, vers la Tour du Crêt de la Muretti. L'itinéraire dépasse les dernières vignes et se glisse entre buissons et prairies. On retrouve la route dans une courbe. S'y engager et choisir la branche de droite en sortie de virage. Elle passe un peu sur le versant de la Saône (cèdres) et remonte sous bois vers la tour, située au Nord-Ouest. Couper une épingle et déboucher enfin sur une nouvelle route de travers (point 681). En face deux chemins montent sous les sapins. Prendre celui de droite (balisage jaune). Soutenu, il va suivre l'épaule Sud-Est de la tour, puis tirer à gauche dans la grande futaie de résineux (champignons). Passer devant le croisement de la tour (panneau). Notre itinéraire, balisé jaune, poursuit tout droit. Il débouche sans tarder sur la route de la tour et la suit vers la gauche (balisage jaune). L'abandonner dans un virage dégagé pour lui préférer un chemin qui continue dans l'axe, sur la crête. Rejoindre le balisage GR puis le croisement de la Croix Callet. Suivre les marques à droite puis tout de suite à gauche. Le chemin reprend la crête et la garde lorsque, débouchant sur une lande, une fourche se présente. Suivre la branche de gauche (GR) et remonter la crête qui s'attaque à la Croix de Rochefort. Rallier ainsi la grande croix que jouxte une table d'orientation (très belle vue).
Le sentier continue vers l'Ouest. Il descend jusqu'à un carrefour. Tourner en biseau à gauche dans le versant de Beaujeu. Après 50 m plonger à droite dans une trace directe, puis à nouveau à droite jusqu'à une nouvelle trace directe de descente. Elle débouche très vite sur un bon chemin forestier (tout le passage qui précède est très bien balisé). Il descend vers la gauche. Par un crochet, il rejoint un nouveau chemin, et la descente en diagonale reprend. L'itinéraire débouche enfin à découvert. Derrière une courbe tourner à gauche vers un bosquet. On passe au milieu des vignes en conservant dès lors la trace la plus directe de descente (balisage GR). A la première ferme au-dessus des Vieux Dépots, continuer 100 m jusqu'au bout de la lisière. Tourner à gauche pour rejoindre la route de la ferme. Après 50 m quittez-la pour vous enfoncer à gauche dans un chemin qui traverse le ruisseau et remonte un peu vers de nouvelles vignes. Continuer en travers vers Beaujeu. Passer sous la haie pour rejoindre la D 136, dans une épingle de la route. Rentrer dans Beaujeu et poursuivre jusqu'à l'église.

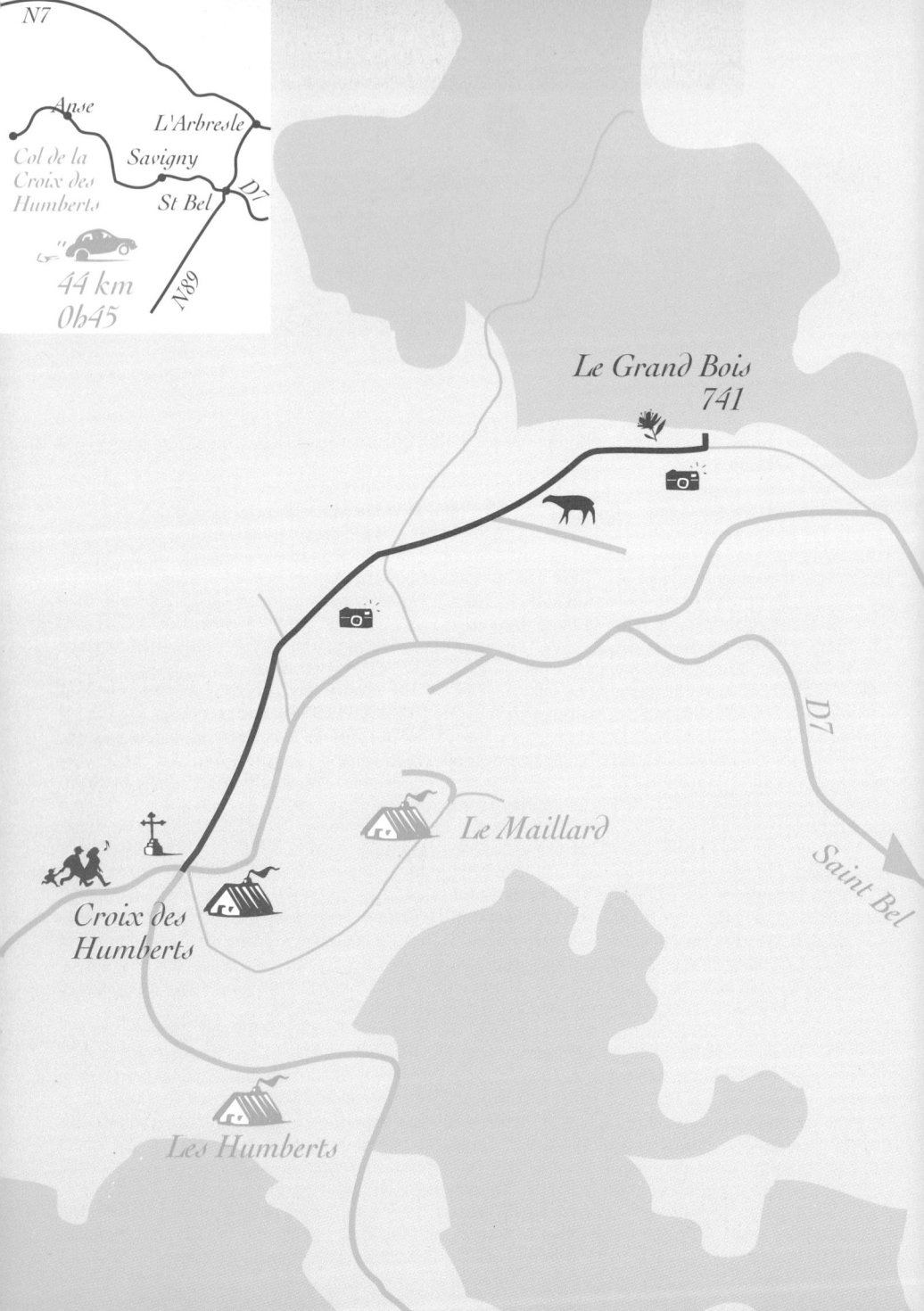

11 - Crêtes du Grand Bois

La qualité et la permanence du panorama assurent l'intérêt de ces crêtes à cheval entre les Monts du Lyonnais et ceux de Tarare.

Depuis l'horloge de Tassin, prendre la D 7 jusqu'à Saint Bel. Traverser Saint Bel et remonter jusqu'à Savigny. Tourner à gauche dans le village et suivre la vallée du Trésoncle sous le regard du Mont Arjoux. Traverser Ancy et en quelques kilomètres rejoindre le Col de la Croix Humbert. Se garer à droite contre la croix en pierre dorée. Vue panoramique sur les Monts de Tarare.

Du col démarrer sur le chemin balisé situé du même côté que la croix, à droite en arrivant au col. Franchir la barrière et la refermer. L'ensemble de l'itinéraire se dévoile devant nous. Avancer sur le chemin qui va couper le premier sommet par la droite. Toujours plus herbeux, il descend et rejoint la ligne de crête. Au bas de la descente, déboucher sur un carrefour marquant le terme d'un chemin goudronné. Avancer tout droit et prendre en face le chemin de droite balisé jaune. Il monte régulièrement, adossé aux broussailles. La pente s'atténue lorsqu'il débouche au milieu de champs. Plus loin, au pied de la petite pente sommitale, le chemin ne devient plus qu'un large sentier semi-ombragé qui longe un pacage à moutons. La vue se redécouvre au sommet que le sentier ne fait qu'effleurer par la droite (œillets ; large panorama sur la Roche d'Arjoux et, en se retournant, sur notre itinéraire).

On peut chercher à s'avancer, à gauche, vers le sommet. Mais la vue n'y est pas meilleure et ne justifie la progression dans les hautes herbes et entre les buissons (œillets).

Le retour s'accomplit par le même itinéraire, sans difficulté ni risque d'erreur. Les perspectives ne sont plus les mêmes. Elles nous découvrent le parcours accompli depuis le Col de la Croix Humbert et au lointain, la Tour Matagrin et le Mont du Crépier.

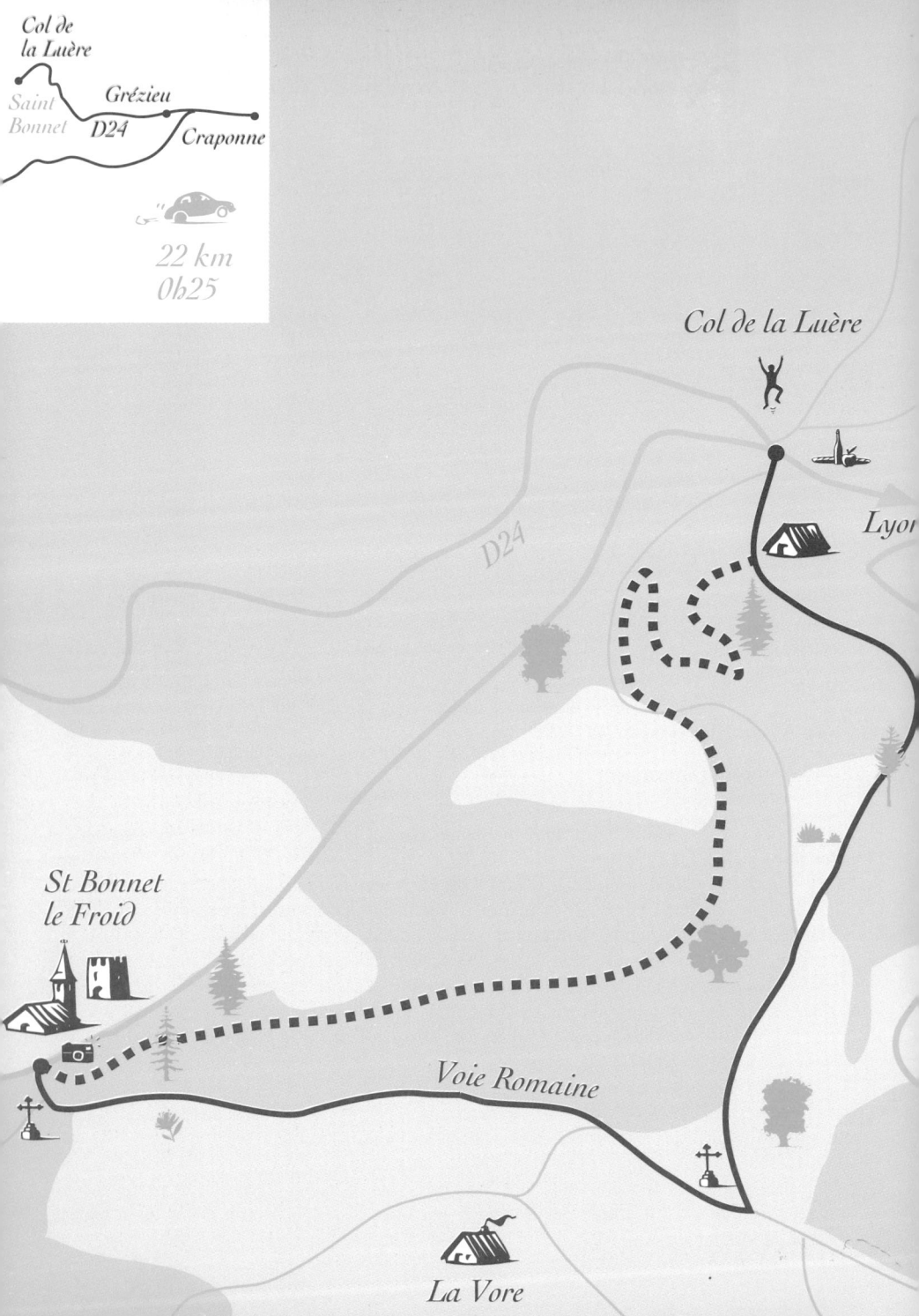

12 - Voie romaine de Saint Bonnet le Froid

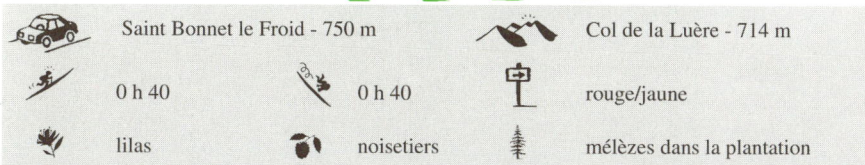

🚗 Saint Bonnet le Froid - 750 m		⛰ Col de la Luère - 714 m
🚶 0 h 40	🚶 0 h 40	🪧 rouge/jaune
🌸 lilas	🌰 noisetiers	🌲 mélèzes dans la plantation

La traversée tolérée de la plantation de Fonfroide, décrite comme variante de retour, néccéssite beaucoup de respect : ne pas sortir du chemin. Les tours rococo qui ponctuent le départ de la voie romaine et de la plantation sont assez étranges. Selon goûts et moyens, vous prendrez vos goûters sur l'aire de pique-nique du Col de la Luère ou sur les terrasses de l'auberge de St Bonnet.

De l'horloge de Tassin prendre la direction de Craponne et de Grézieu-la-Varenne que l'on contourne par le Nord pour remonter (D 24) au Col de la Luère. Prendre aussitôt à gauche par la D 113 qui conduit au Col de Malval. Après 2 km, rejoindre le château et la chapelle de St Bonnet le Froid. Se garer à gauche après les bâtiments.

Partir dans le chemin qui entaille la crête, juste en face de l'entrée de l'auberge. Après 15 m, déboucher sur la voie romaine balisée jaune/rouge. Le carrefour est agrémenté de tourelles et remparts rococo et offre un point de vue remarquable sur le Sud-Est lyonnais (lilas). Notre itinéraire descend lentement vers la gauche en lisière inférieure de la plantation (chênes). Peu après le croisement de la ferme de la Vore, le chemin traverse une épaule à découvert. Après 200 m, tourner avec le balisage (croix) dans un petit sentier qui revient à gauche (châtaigniers et noisetiers). Il revient en balcon au-dessus de la plaine lyonnaise (magnifique panorama sur Fourvière et les Monts d'Or). Dépasser la bifurcation du chemin qui descend du croisement complexe de l'aller et continuer sur le sentier inférieur balisé qui traverse les genêts. Il nous conduit en faux plats (pins sylvestres) au carrefour d'entrée de la plantation et aux maisons du Col de la Luère. L'aire de pique-nique se situe sur la route à droite, 200 m en contrebas.

Revenir par le même itinéraire.

Variante de retour : après 150 m, le chemin s'amenuise et se divise en deux. Abandonner le balisage et rentrer tout droit dans la sapinière (chemin de droite). Passer entre les deux tours et remonter en lacets lents et larges jusqu'à la lisière supérieure de la plantation. Dans ce croisement complexe, filer assez naturellement dans le deuxième chemin en partant de la gauche. Il traverse en direction du Sud, calé sous la jeune plantation sommitale. Rentrer à nouveau sous bois. le chemin passe de la plantation de résineux, dans un bois de chênes. Une grande allée se reforme sous la sapinière et file droit pour s'en aller longer la route, avant de la rejoindre devant le château, la chapelle et l'auberge de St Bonnet le Froid (mélèzes, frênes).

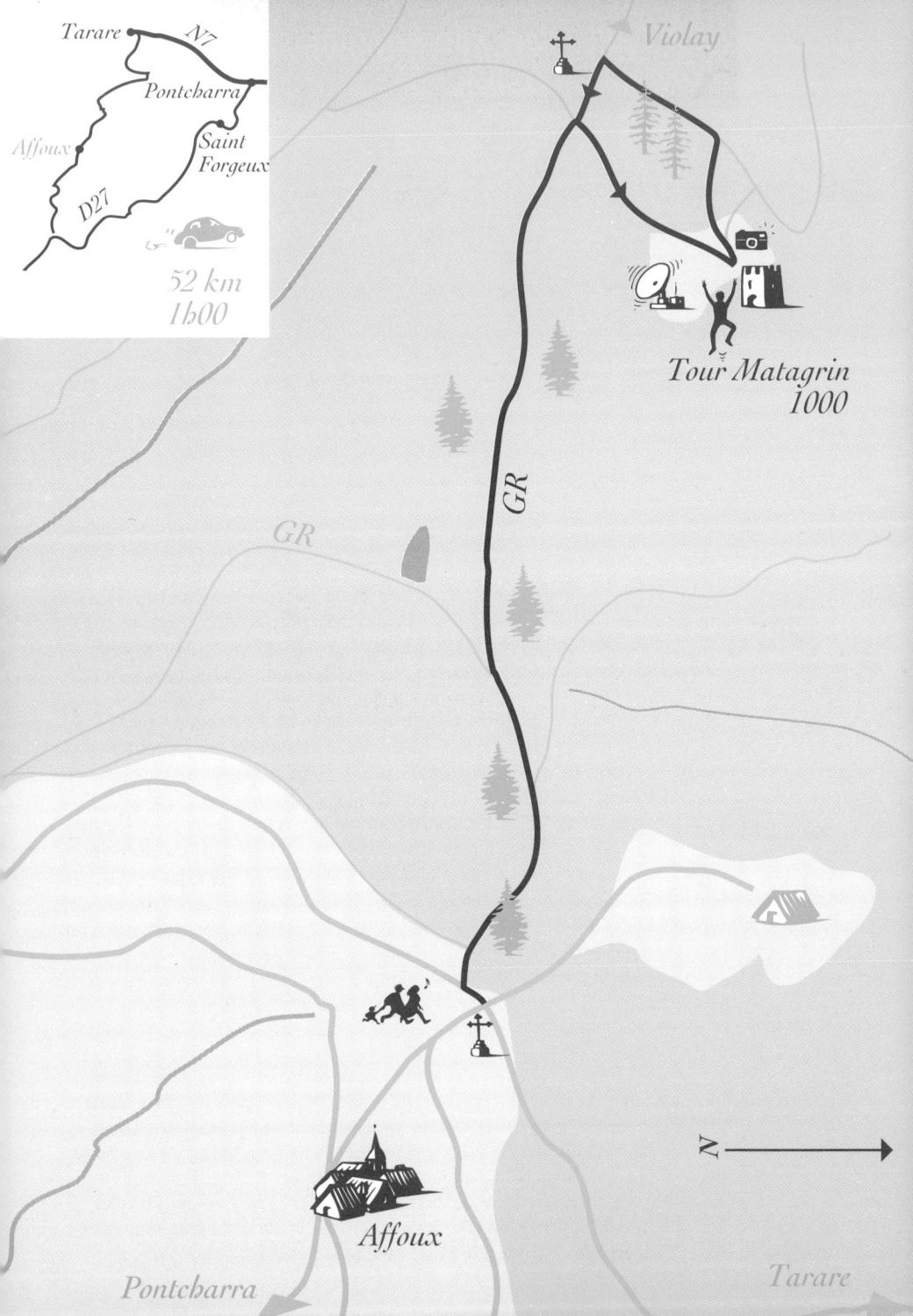

13 - La Tour Matagrin

 Col d'Affoux - 816 m    1000 m

0 h 50   0 h 30   GR

 La Tour Matagrin est un ancien rendez-vous de chasse réaménagé, ainsi que tout le secteur, par la mairie de Violay et le Conseil Général de la Loire. Le lumineux bois de mélèzes qui jouxte la tour, fera la joie des enfants pour une halte bienvenue.

Sortir de Lyon par la RN 7, direction Paris. Traverser L'Asbresle et continuer jusqu'à Pontcharra sur Turdine. Quitter la RN 7 et monter vers St Forgeux. Remonter entièrement la belle vallée du Torranchin. Après 7 km, tourner à droite et grimper jusqu'à Affoux. Traverser le village et rejoindre le col, marqué d'un bosquet, d'une croix, de tables de pique-nique et... d'emplacements de parking.

A gauche du croisement, de l'autre côté de la route, se trouve un vieil abri de car. Notre itinéraire (GR) monte à sa droite et rentre presque aussitôt sous bois. Le chemin balisé remonte directement sous la sapinière. Il s'incline bientôt vers la gauche. La pente s'atténue alors et les bois sont moins denses. Rester sur le chemin le plus évident jusqu'à une fourche balisée (panneaux). Prendre à droite comme indiqué. Le chemin s'avance en faux plat et l'on ne tarde pas à apercevoir, entre les coupes de bois, l'énorme tour Télécom qui jouxte la Tour Matagrin. On débouche sur un croisement de route, à l'angle d'un remarquable bois de mélèzes.

Monter à droite vers les deux tours. Plutôt que d'emprunter la route proprement dite, rentrer de quelques mètres dans le bois de mélèzes et suivre le tout petit sentier balisé qui l'accompagne jusqu'au sommet. La Tour Matagrin s'avance au milieu de la prairie dégagée sur les horizons du Forez. Elle est en principe ouverte à la belle saison. Un escalier circulaire permet de rejoindre la table d'orientation.

Revenir en lisière du bois de mélèzes et traverser en diagonale vers la droite toute l'aire de pique-nique. Un petit sentier balisé traverse le bois et rejoint un sentier de lisière tournée vers Violay. Longer la lisière vers la gauche et rejoindre la route. Tourner encore à gauche pour retrouver 200 m plus loin le croisement de la montée à la Tour Matagrin : continuer tout simplement tout droit pour redescendre, par l'itinéraire de l'aller, jusqu'au col et aux voitures.

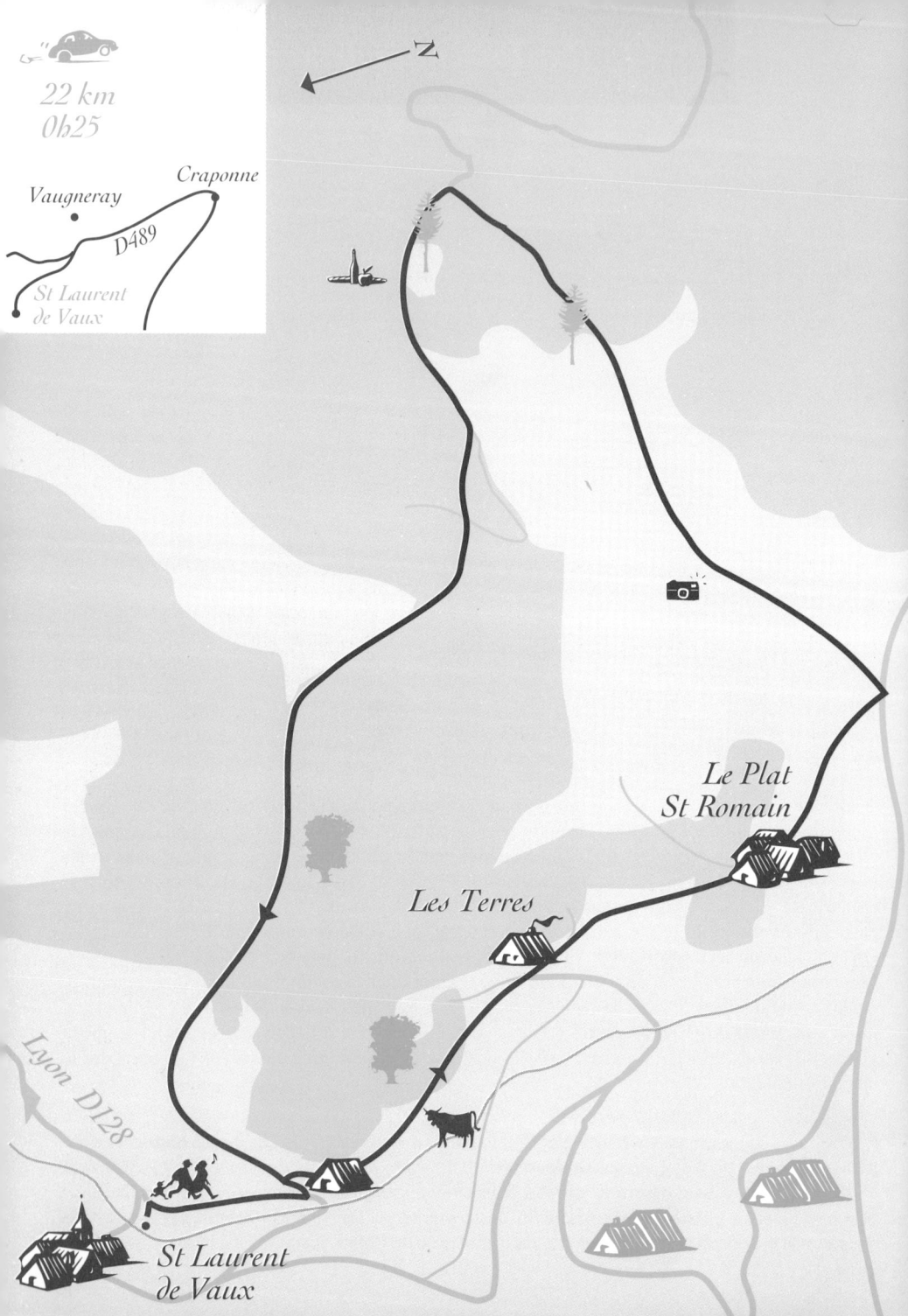

14 - Le Sentier des Terres

 Saint Laurent de Vaux - 415 m		612 m	
0 h 50	0 h 35	bleu/blanc (à la montée), rouge (à la descente)	
coquelicots, campanules bleues		noisetiers, mûres.	

Un peu comme à Rontalon, ces itinéraires à mi-pente sont à la fois discrets et séduisants. Sans doute le contraste entre genêts et cerisiers, entre châtaigniers et champs de blé, étonne à chaque pas.

De la sortie Nord du tunnel de Fourvière et de Tassin, rejoindre Craponne et, de là, par la D 489, monter en direction d'Yzeron. Après les Maisons Blanches de Vaugneray surveillez votre gauche. Une petite route va descendre dans le vallon de l'Yzeron pour rejoindre, après 2,5 km, St Laurent de Vaux. Se garer sur la petite place à gauche, dès l'entrée du village, un peu avant le pont.

Remonter la petite route qui démarre à gauche de la maison du parking (panneau "Sentier des Terres" ; balisage bleu/blanc). Elle remonte un instant le vallon. Devant la première épingle, suivre avec précision le balisage. Il revient sur 15 m dans le chemin qui démarre à gauche et au-dessus de la route. Juste après la première maison, le balisage et une petite trace herbeuse montent à droite et contournent les bâtiments. Le sentier se reforme un peu pour monter lentement vers le fond du vallon, entre châtaigniers et buissons de mûres. Franchissez une chicane de clôture et traverser un pré (pommiers, vaches). En haut et à droite de la parcelle, on retrouve une chicane et un nouveau sentier ombragé qui monte plus directement le long d'un mur de pierres sèches. Entre chênes et pins, traverser un carrefour de sentiers et continuer à monter. Le sentier s'améliore sensiblement. Longer la partie supérieure d'un champ et rejoindre un beau chemin herbeux. Tourner à droite et passer devant la ferme des Terres. Ne pas descendre par la route mais traverser au-dessus, suivant le balisage. Le beau petit chemin rentre dans la partie supérieure du vallon des Granges (campanules). Il monte et rejoint les villas et la ferme du Plat Saint Romain. Continuer sur la petite route qui monte lentement vers la crête. Au carrefour marqué d'une croix, tourner à gauche sur la route de Messimy. On abandonne ainsi le balisage pour parcourir une épaule dégagée sur les Monts du Lyonnais, à gauche, et la plaine lyonnaise, à droite. Entre blés et maïs, la route descend jusqu'aux chênes et pins du Bois de Bel Air. Avancer jusqu'à la première épingle et quitter la route par un bon sentier (rouge) qui monte vers la gauche. Il traverse sous bois et dépasse une belle clairière entourée de pins. Le bon sentier entame sa descente, passe un chemin qui arrive de la gauche et sort bientôt du bois. Longer la lisière sur un bon chemin et surveiller votre droite. Après 200 m, rentrer à nouveau sous bois (rouge). Déboucher rapidement sur un carrefour compliqué. Continuer dans l'axe. Notre itinéraire va ressortir en haut d'un pré qui regarde Vaugneray. Sur une petite sente, il traverse en direction de St Laurent de Vaux. Après une petite source il rentre de nouveau à couvert (châtaigniers). En faux plat, globalement descendant, le chemin revient à l'aplomb du village. Il tourne ostensiblement vers la gauche et retombe sur la fermette où démarrait notre sentier herbeux du départ (balisage bleu/blanc). Tourner à droite par la petite route du vallon des Granges qui nous ramène aux voitures.

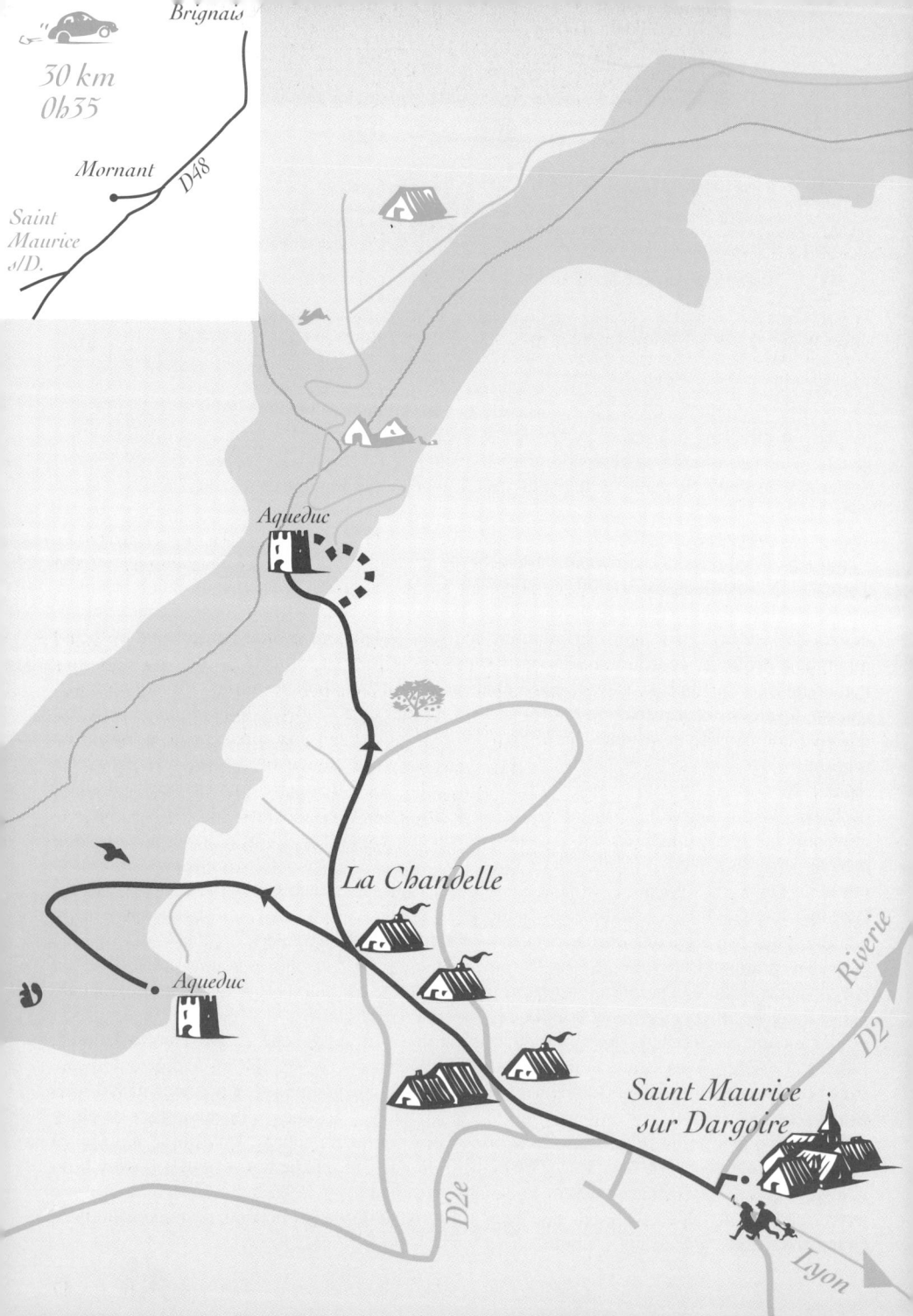

15 - Les Aqueducs de Saint Maurice

	St Maurice sur Dargoire - 475 m	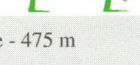	aqueducs - 350 m
🚶	1 h 30		blanc-brun puis bleu
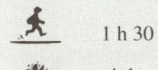	violettes		

L'aqueduc gallo-romain qui alimentait en eau la ville de Lugdunum, a laissé de nombreux vestiges sur le piémont des Monts du Lyonnais. Les plus spectaculaires et les plus nombreux entourent Chaponost. Ceux de Saint Maurice sur Dargoire se camouflent dans un cadre plus champêtre. Il ne sera pas rare d'y rencontrer perdrix, lièvres ou écureuils.

Pour rejoindre Saint Maurice sur Dargoire, sortir de Lyon par Pierre Bénite et Brignais. Emprunter la D 42 en direction de Rives de Giers. La quitter à Bellevue pour monter à Saint Maurice. Se garer sur la place centrale (place Charles de Gaulle), face au château.

Descendre 300 m sur la route de la Roussillière. Continuer tout droit par un petit chemin d'abord goudronné qui passe derrière les maisons. Descendre tout droit jusqu'à une nouvelle route que l'on traverse (on peut retrouver ce point en passant entièrement par les routes). Un nouveau petit chemin, goudronné au début, descend dans l'axe. Continuer tout droit aux dernières maisons. Par la sente herbeuse rejoindre ainsi la route de la Chandelle (balisage brun/blanc). Tourner à droite et passer devant la ferme. 50 m plus loin, dans une courbe, filer en diagonale sur un chemin de terre le long des arbres fruitiers (balisage). Tout en tirant vers la droite, le chemin descend dans le vallon. Dans un virage à angle droit remarquable (panneau), abandonner le balisage et descendre tout droit. Le chemin s'amenuise bientôt pour ne devenir qu'un sentier. Il tourne alors vers la droite pour tomber sur le petit aqueduc (3 arches ; 6 m de haut).
On peut revenir sur ses pas afin de retrouver le chemin balisé. Il est également possible, et préférable, de passer au pied de l'aqueduc et de remonter en face un sentier assez envahi par les genêts. Remonter néanmoins et rejoindre en aval le bon chemin balisé qui descend dans la combe du Bozançon par la gauche.
Nous remonterons à droite (beau chêne) pour repasser au croisement de l'aqueduc. Remonter à la route et revenir à la ferme de la Chandelle.
Dépasser la ferme et descendre dans les champs par le chemin balisé situé dans l'axe de la remontée au village. Longer par la droite des jardinets, aller au bout des champs et descendre dans la plus grande pente. On rentre bientôt sous bois. Le chemin s'amenuise et tourne à gauche dans un bois de chênes lumineux. Le sentier traverse à flanc et continue horizontalement à une fourche. En faux plat montant, on voit bientôt apparaître devant soi la très belle silhouette de l'aqueduc, posté en lisière. Il est possible d'en faire le tour en passant sous l'arche médiane et en montant à gauche un petit sentier qui revient au chemin.
Revenir par l'itinéraire de l'aller. Poursuivre la remontée lorsqu'on revient à la route de la Chandelle.

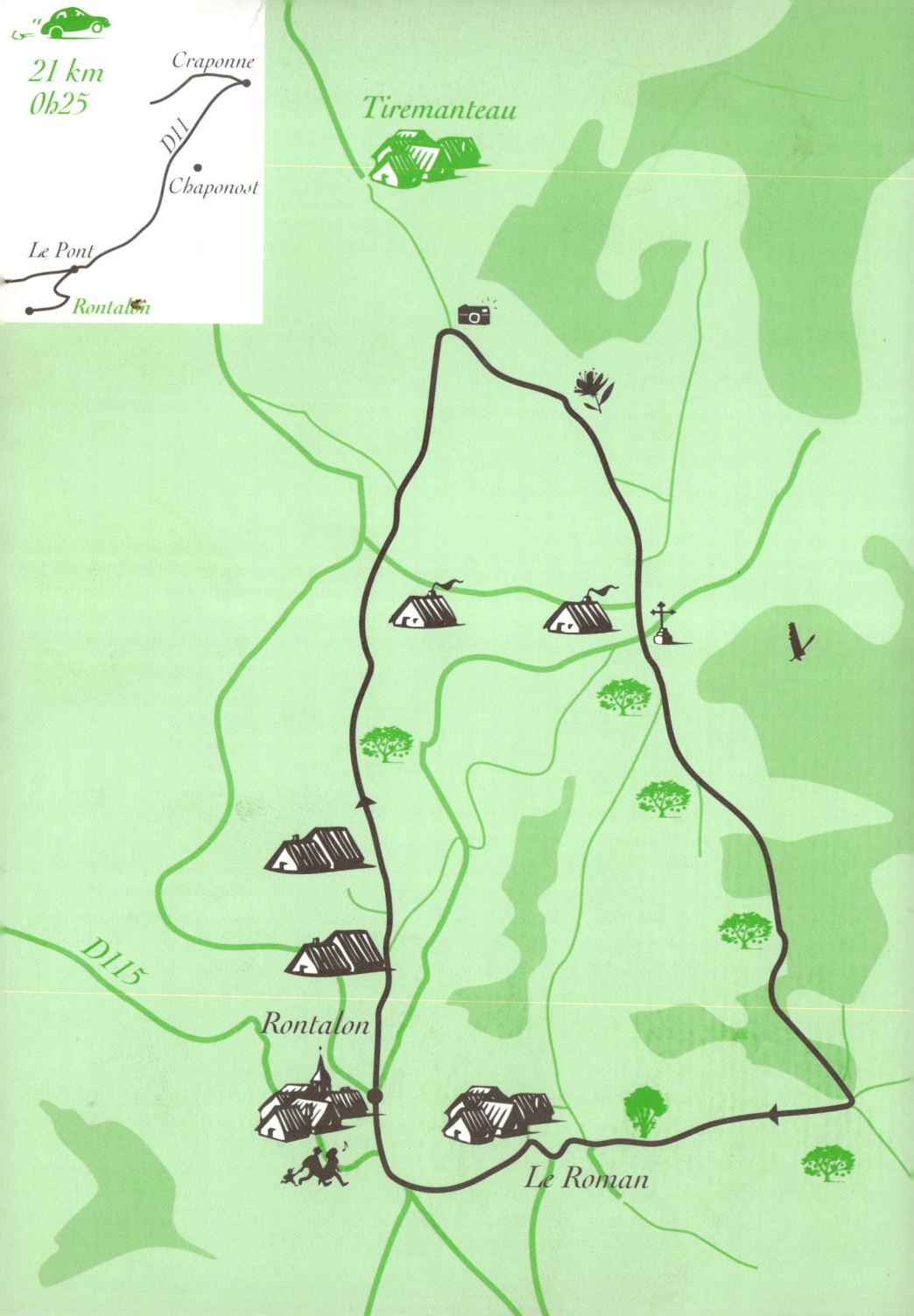

16 - Le Tour du Bézin

Rontalon - 500 m   632 m

0 h 40   0 h 50   vert

vergers de cerisiers, poiriers, fraisiers et groseillers tout au long du circuit.

Rontalon étale ses côteaux au plein cœur du Pays des Fruits Rouges. Les groseillers côtoient les poiriers, cerisiers et fraisiers et la saison des fleurs y est, dès lors plus qu'ailleurs, un enchantement.

De l'horloge de Tassin, rejoindre Craponne et, de là, par la D 489, avancer jusqu'au Pont de Thurins. Dans le village, tourner à droite en direction de Rontalon. Se garer sur la place de l'église.

Revenir sur la route et remonter en direction de la chapelle du cimetière. Notre itinéraire longe l'édifice par la gauche et traverse, en montant directement, un petit lotissement. Aux dernières maisons, un chemin prolonge la route et rejoint une route dans un petit col marqué d'une croix. Prendre en face le chemin couvert de mâchefer qui attaque directement le versant de la Grande Bruyère.
Dépasser la crête et dans une pointe (panorama sur le Nord-Ouest) redescendre à droite (balisage vert). Le chemin plonge versant Nord (boutons d'or, centaurées, grenouilles) jusqu'à la route et au lieu-dit du Bézin. Avancer de 50 m jusqu'à la croix de pierre qui marque le croisement du col. Prendre en face le cheminement horizontal qui contourne le sommet du Bessiet par la droite puis qui tire à gauche dans les bois du Grand Bachas. Le sentier longe la lisière amont et descend longuement en direction de Thurins (balisage vert et bleu clair). 50 m après la sortie des bois, tourner à droite en direction du village de Rontalon que l'on aperçoit déjà. Descendre au hameau du Roman que l'on contourne par la gauche (noisetiers, noyers, érables, marronniers et tilleuls). Descendre pour traverser le pont et s'engager dans le chemin qui remonte, à droite, jusqu'à Rontalon. Passer entre les vieilles maisons et revenir à droite vers la place de l'église.

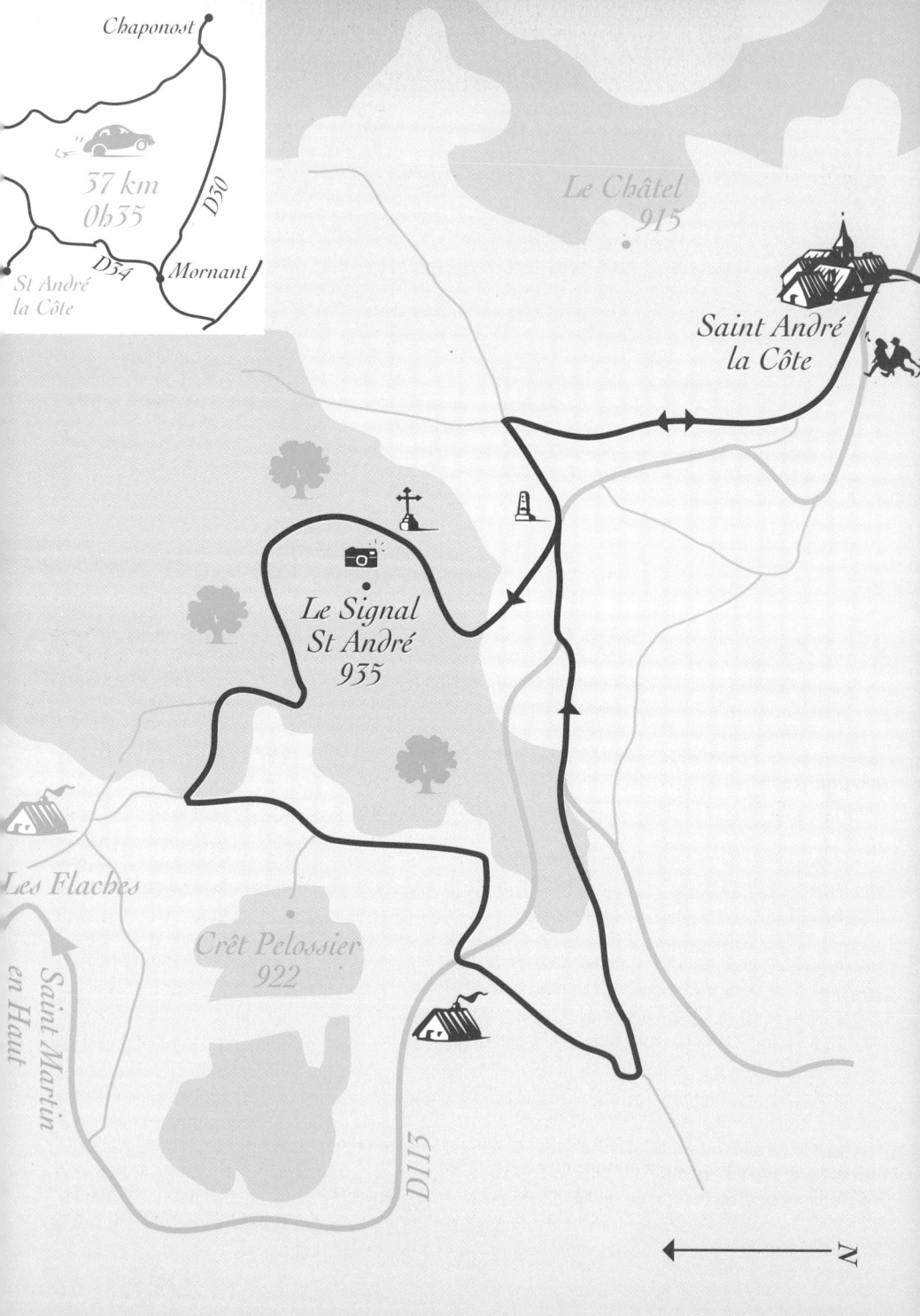

17 - Le Signal de Saint André

 Saint André la Côte - 860 m    935 m

 0 h 35   1 h 00   GR sur les deux premiers tiers du parcours

 gîte d'étape à Saint André (salle hors sac)

Le passage du GR au Signal de Saint André la Côte marque l'entrée dans le verdoyant bassin de la Coise.

Rejoindre St Martin en Haut par la D 11 qui démarre à l'entrée de Craponne. A St Martin prendre à gauche la route de Mornant, Riverie et Rontalon. Après 600 m, monter à droite par la D 113 qui conduit à St André la Côte. Le parking le plus vaste est celui de la salle des fêtes situé à l'entrée du village à droite. Quelques emplacements, exigus, se trouvent derrière l'église.

Rejoindre l'entrée du village, côté St Martin en Haut. Prendre au niveau d'une croix, le chemin goudronné et balisé qui sort du village à droite et dans le même axe que la route de Saint Martin (balisage GR). Après 300 m, prendre à droite devant une nouvelle croix. La route laisse bientôt la place à un chemin qui longe à vue la grande route. Parvenu à un carrefour prendre à gauche (GR). On rejoint la route au niveau d'un petit monument en mémoire du maquis Givorsin. Après une dizaine de mètres sur la route, le GR monte en pente assez raide vers la droite (chênes et genêts). On arrive à la Croix de Saint André (vue sur Saint André).

Continuer sur le GR dans un beau sous-bois. Le chemin tourne autour de la colline avant de déboucher sur un carrefour. Le GR prend à angle droit à droite : le suivre. Sortir du sous-bois et déboucher sur des terres cultivées (grosse ferme en contrebas de la route). Abandonner le balisage GR pour tourner en angle droit à gauche. Ce chemin remonte légèrement pour passer entre les poteaux, à gauche du Signal de Saint André, à droite du Crêt Pélussin. On arrive à la route qui monte au Crêt Pélussin. La prendre vers le bas. Parvenir à la route départementale et la traverser juste avant une ferme (bleu/jaune). Après un très grand champ cultivé, prendre à gauche une trace envahie au début par les herbes (rouge). La trace s'élargit, passe en sous-bois et retrouve une petite route. L'emprunter vers la gauche pour retrouver la départementale aux alentours du monument du maquis et de la remontée au Signal de Saint André. Dès lors, rejoindre le monument et accomplir à l'envers le chemin de l'aller jusqu'à l'entrée de Saint André la Côte.

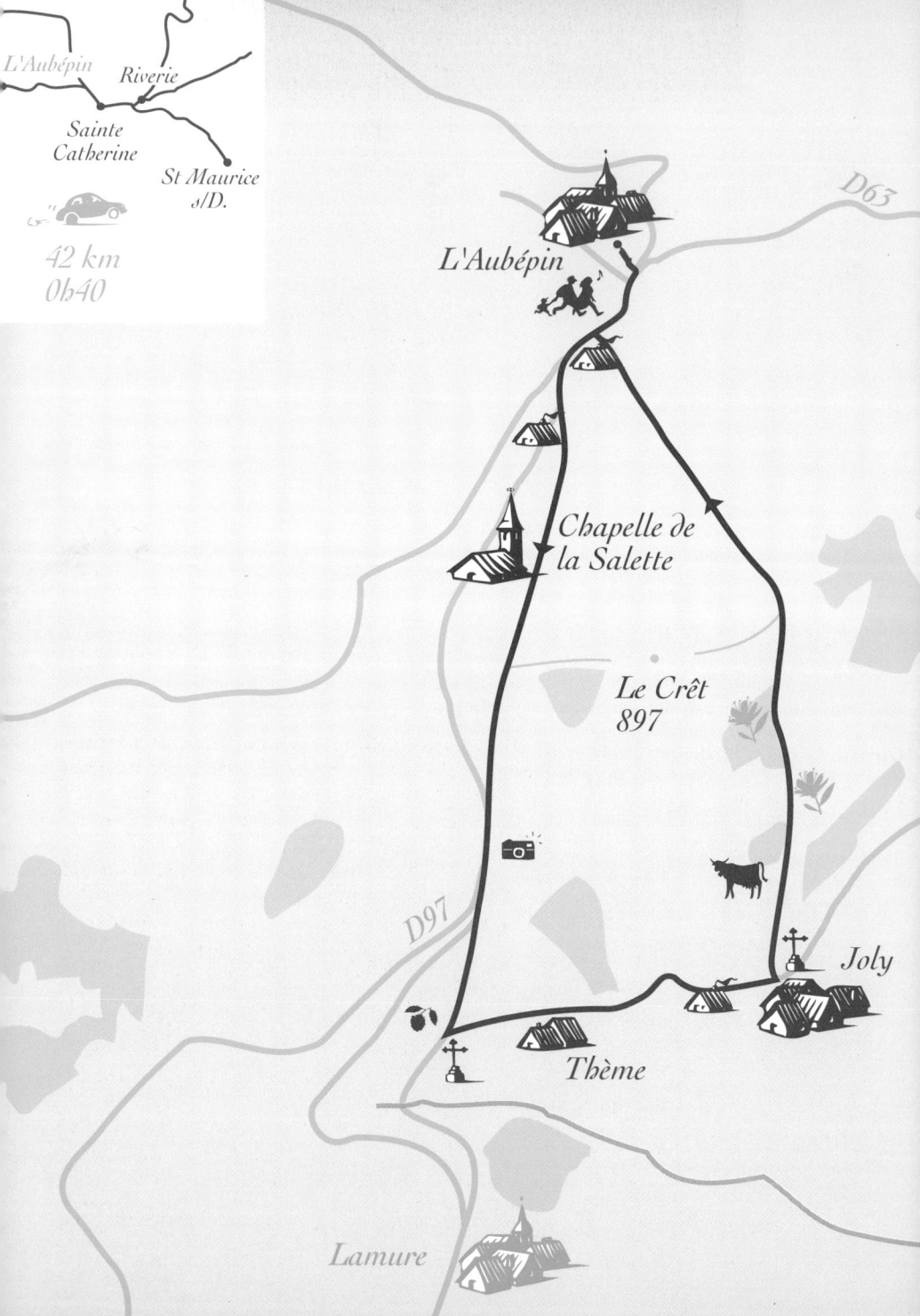

18 - Le Crêt de l'Aubépin

 L'Aubépin - 818 m    880 m

 1 h 40   bleu clair jusqu'à Thème

 marguerites, scabieuses

Le Crêt de l'Aubépin est débonnaire et verdoyant à l'image de toute cette partie des Monts du Lyonnais. Tout au long de cette boucle, la vue est largement ouverte sur le Forez, le Pilat et la vallée du Rhône.

Sortir de l'agglomération lyonnaise par la D 42 qui mène à Rive-de-Giers. Décrocher à droite au croisement de Bellevue et monter en direction de Riverie. La route contourne la cité médiévale et rentre, 2 km plus loin, dans le village de Ste Catherine. Poursuivre 2 km dans la direction de St Symphorien et bifurquer à gauche vers l'Aubépin. Se garer sur le parking de la place centrale.

Revenir à la route et tourner à droite puis à gauche pour sortir de l'Aubépin par la route de St Etienne. Conserver la D 97 qui monte à gauche dans la fourche, 100 m après les dernières maisons. Avancer un peu sur la route et monter à gauche un chemin diagonal balisé "ski de fond". Il passe dans le dos d'une villa et, après 400 m, rejoint la Chapelle de la Salette (1870 - ouverte). Poursuivre sur le chemin (belle vue sur la plaine du Forez ; balisage bleu clair). Dépasser le croisement du chemin qui monte au sommet et continuer jusqu'à la route que l'on rejoint tangentiellement (panorama sur le Forez et le Pilat). L'emprunter sur 200 m avant de descendre à gauche par la petite route de Lamure. Plonger aussitôt à gauche dans un chemin (bleu) qui rejoint la Croix de Thème (vaches ; noisetiers). Abandonner le balisage et tourner à gauche sur la petite route qui traverse Thème et rejoint le hameau tranquille de Joly (marguerites). Derrière une maison marquée d'une croix monter à gauche dans un chemin qui attaque directement le flanc du Crêt. Dépasser les premiers bois (marguerites ; scabieuses) et avancer dans un chemin herbeux jusqu'à un croisement qui mène à gauche vers le sommet proprement dit. Continuer plutôt dans l'axe (vue sur Ste Catherine et Riverie) pour redescendre jusqu'à l'entrée de l'Aubépin. Rejoindre la route de St Etienne, 10 m à gauche du garage. Rentrer à droite dans l'Aubépin.

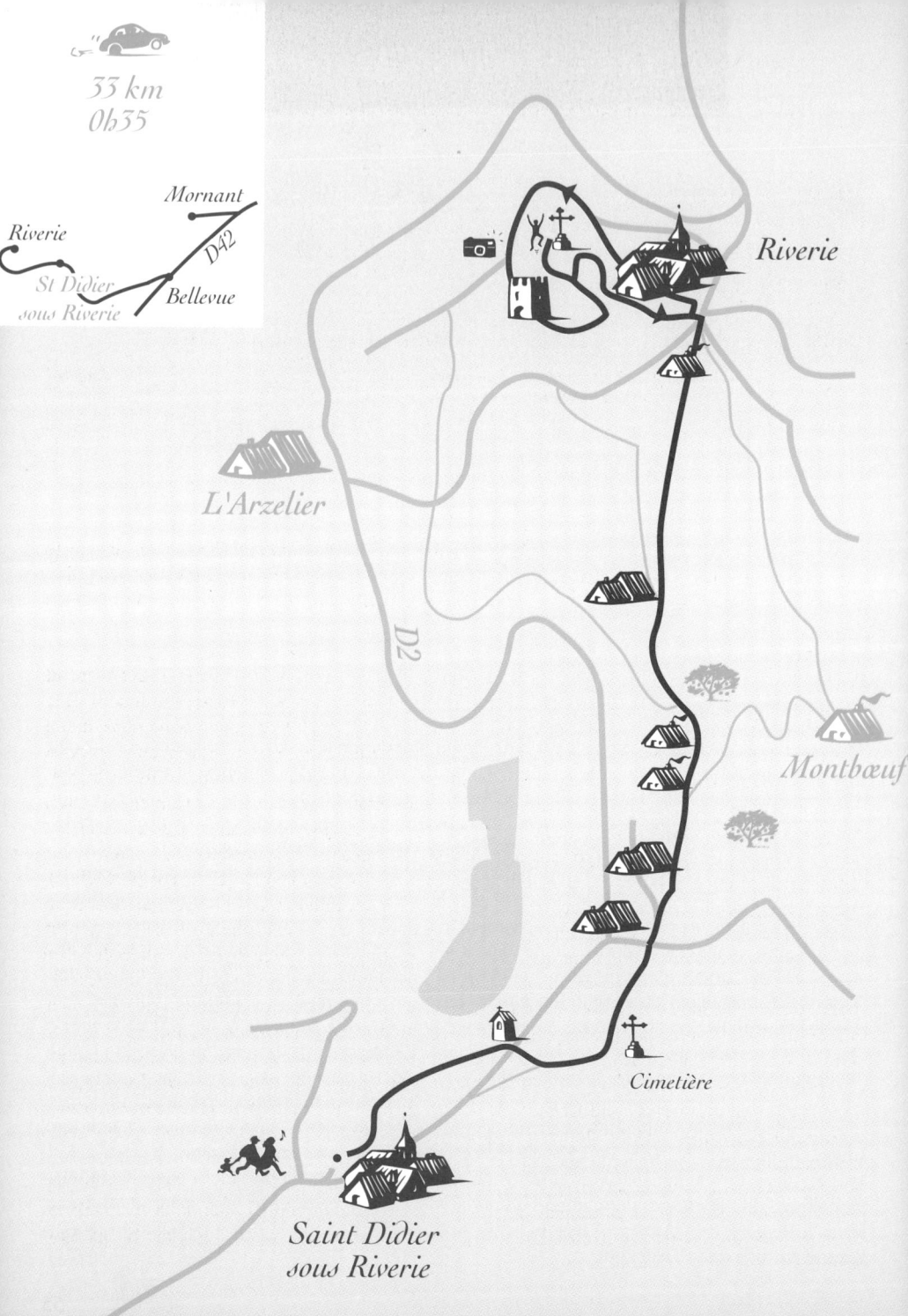

19 - Montée de Riverie

🚗 Saint Didier sous Riverie 520 m		⛰️ Riverie - 734 m
⛷️ 1 h 05	0 h 40	🪧 bleu clair
🏰 cité médiévale de Riverie		
🌳 érables		🌳 cerisiers en plantations

Comme un pauvre pèlerin, vous partirez de Saint Didier dans la douceur des cerisiers en fleurs pour achever cette ascension plus éprouvé (pas trop quand même !) sur les remparts ventés de la cité de Riverie.

Sortir de l'agglomération lyonnaise par la D 42 qui mène à Rive-de-Giers. Décrocher à droite au croisement de Bellevue et monter en direction de Riverie. 3 km après St Maurice sur Dargoire, rentrer dans Saint Didier sous Riverie et tourner à gauche pour aller se garer sur la place de l'église.

Passer dans le dos de l'église, par la droite ou la gauche. Emprunter la rue Traversière et descendre vers la gauche la rue des Forges jusqu'à la Madone. Traverser la route. Au bout de la rue de la Paix, tourner à gauche. Sortir complètement du village et prendre à gauche devant le cimetière. Quitter la petite route peu après, au niveau d'une croix, et rentrer à gauche dans un mauvais chemin. Rejoindre et traverser la départementale. Dans la bifurcation suivante, continuer sur la petite route qui monte aux Prés. La quitter dans un virage. Monter tout droit entre les villas et les vergers (balisage). Le chemin balisé s'incline vers la gauche au-dessus de la dernière maison. Traverser un croisement et attaquer la montée (marguerites). Le sentier monte entre deux haies d'églantines. Il se retransforme bientôt en chemin (balisage bleu clair). Dépasser les premières maisons sous Riverie et rejoindre directement le croisement de routes qui marque l'entrée de la cité médiévale de Riverie. Rentrer dans la cité. Tourner dans la première rue à droite (rue Morte). Elle marque un coude à gauche et remonte vers le flanc droit du château. On remarquera au passage la plaque qui justifie l'appellation de la rue, en souvenir du massacre de la population mâle de Riverie, perpétré par les Ligueurs en 1590. Après les jardins, continuer sur le sentier qui prolonge la rue. Redescendre ainsi sur la route d'enceinte. Suivre cette route vers la gauche. Elle fait le tour de la cité médiévale (bancs, érables ; panorama sur les contreforts du Lyonnais). Poursuivre sur un chemin caillouteux le contournement des remparts au niveau de la route du Grand Rocher (belle vue sur St Didier sous Riverie). Rentrer dans la cité par le chemin de ronde. Monter presque aussitôt à gauche en direction de l'église et du château. Dépasser l'église et monter à droite vers la plate-forme du cimetière.
Revenir devant le parvis, et virer à gauche pour contourner le château (tilleul de Sully). Descendre un petit escalier qui ramène au-dessus de la place. Rejoindre la place et descendre la Grande Rue pour sortir de la cité. Par l'itinéraire de l'aller, redescendre à Saint Didier sous Riverie.

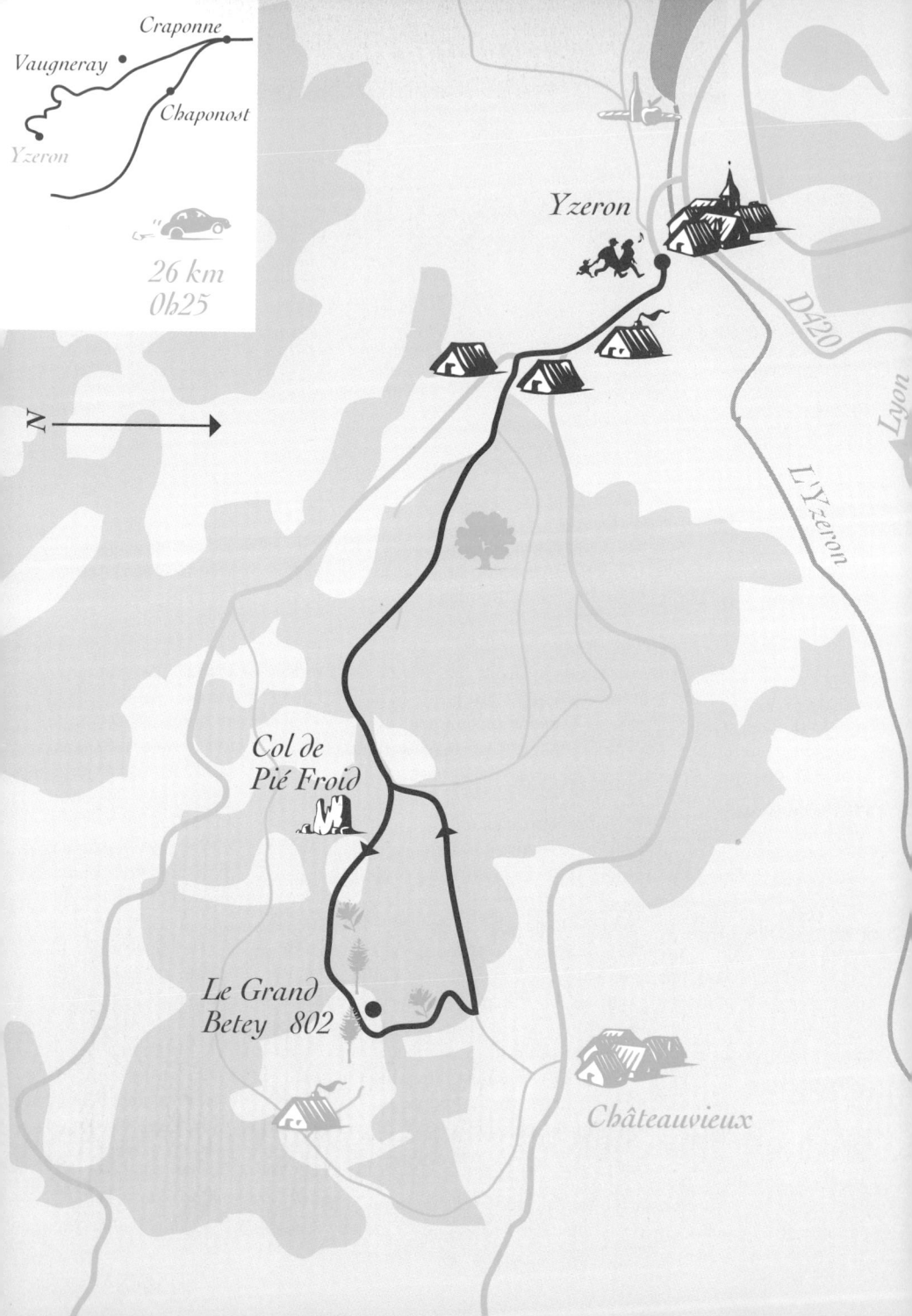

20 - Le Grand Betey

Yzeron - 720 m		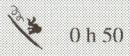 802 m
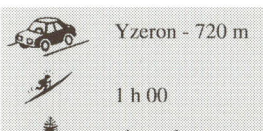 1 h 00	0 h 50	orange partiellement.
pins sylvestres		

Cette boucle en lasso au-dessus d'Yzeron semble faite pour les familles nombreuses au réveil tardif. Proche de l'agglomération, notre flânerie alterne les versants. Les plus agiles pourront s'exercer sur les rochers d'escalade de la prairie du Col de Pié Froid. Enfin, en désespoir de cause les inconditionnels des sports nautiques auront le loisir de se défouler sur le plan d'eau du Ronsey.

De l'horloge de Tassin, rejoindre Craponne et, de là, par la D 489, monter à Yzeron. Avant le plan d'eau, tourner à gauche vers le centre du vieux village et se garer (2 parkings).

Continuer sur la D 25 qui se dirige vers Thurins. Avancer jusqu'au col proprement dit. Entre les bâtiments de la colonie du Progrès, file à gauche une petite route indiquée "Pié Froid". Après 300 m continuer tout droit dans le plus petit chemin qui reste versant Sud. Ce large sentier file en faux plat au milieu des chênes jusqu'au Col de Pié Froid marqué d'une belle prairie ceinturée de cerisiers et bordée à droite par des rochers équipés pour l'escalade.
Le sentier longe la prairie par la gauche. Au croisement continuer tout droit par de petits sentiers qui se rejoignent aussitôt (pins, violettes). L'itinéraire traverse en descendant le versant Sud (à droite) du Grand Betey. Longer la lisière un instant et remonter sous de grands pins au sommet du Grand Betey (clairière).

Tourner à gauche (violettes) par un sentier bien marqué qui descend de plus en plus en s'enroulant autour du sommet. Le sentier se transforme en chemin et plonge dans le versant de Châteauvieux. Après une épingle à droite déboucher sur un grand chemin de traverse. Le remonter à gauche jusqu'à la prairie du Col de Pié froid (balisage vert/blanc). Dès lors revenir à Yzeron par l'itinéraire de l'aller.

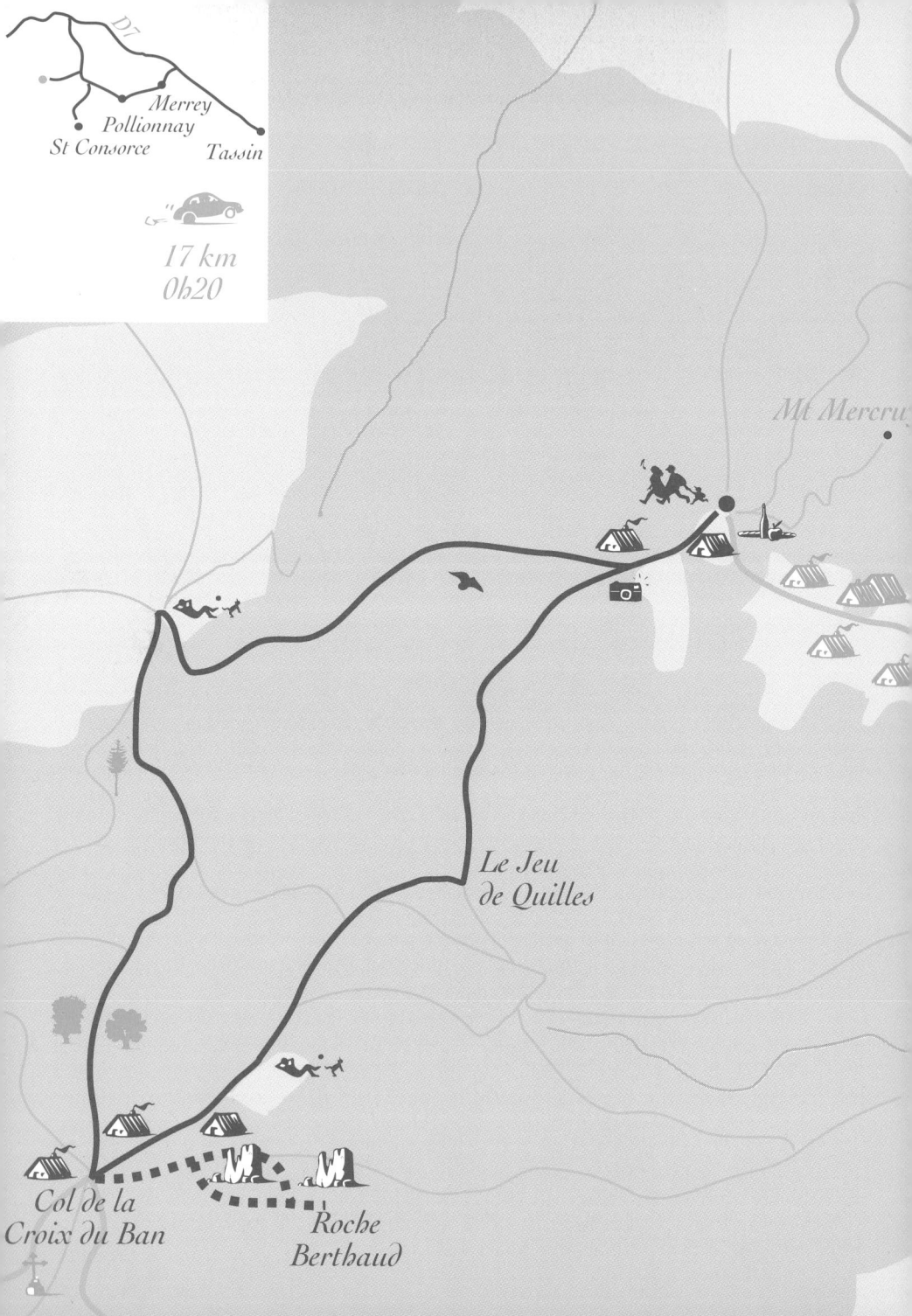

21 - La Croix du Ban

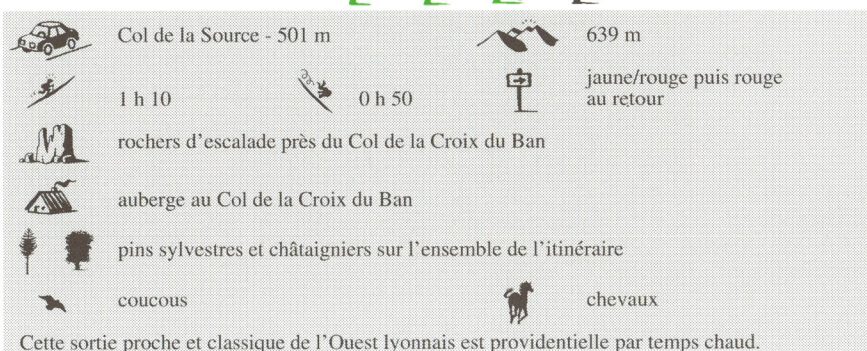

🚗	Col de la Source - 501 m	⛰ 639 m	
	1 h 10	0 h 50	🪧 jaune/rouge puis rouge au retour

rochers d'escalade près du Col de la Croix du Ban

auberge au Col de la Croix du Ban

pins sylvestres et châtaigniers sur l'ensemble de l'itinéraire

coucous   chevaux

Cette sortie proche et classique de l'Ouest lyonnais est providentielle par temps chaud.

De Tassin la Demi-Lune prendre la route de Saint Bel jusqu'au carrefour du parc de Lacroix-Laval. Tourner à gauche vers Marcy l'Etoile et Ste Consorce. Remonter jusqu'à l'entrée de Valiency et tourner à droite en direction de Lentilly. 1 km après Larny, dans une courbe marquée par un immense pylône de haute tension, monter à gauche vers "Mercruy". Se garer au col qui marque le bout de la route.

Juste après la barrière, prendre à gauche le chemin marqué du balisage "Tour de Pays". Il monte droit sur la crête, dépasse une belle échappée sur Lyon ainsi qu'une dernière maison. 50 m plus loin prendre à gauche dans une fourche le sentier balisé jaune/rouge. Parmi chênes et fougères, il remonte vers le Sud, alternant raidillons et faux plats. Dans une fourche monter à droite. Après une nouvelle montée de chemin creux, déboucher sur une belle clairière à pique-nique encerclée de genêts. En face le chemin redescend le long d'une clôture (chevaux et vaches), jusqu'au Col de la Croix du Ban.

Avant de revenir par le versant Ouest de la montagne, il est possible d'aller gambader sur les rochers d'escalade de Roche Berthaud. Il suffit, 10 m avant de rejoindre la route, de descendre à gauche par le chemin qui se dirige vers Valency. Longer la clôture inférieure du parc à vaches et emprunter, après 300 m, l'un quelconque des petits sentiers qui rejoignent le pied des trois rochers (20 m de haut, équipés).

Pour le retour, tourner à droite sur la route du Col de la Croix du Ban, et rentrer aussitôt entre les bâtiments. Ne pas descendre, mais plutôt remonter à découvert dans le dos de l'auberge. Ce beau sentier plat coupe le versant Ouest (chênes et châtaigniers), sans se laisser distraire par quelques chemins descendants. Au bout d'une ligne droite le chemin s'arrête : descendre à gauche (rouge). Au pied de la descente, le sentier se décale légèrement vers la gauche, puis retourne à droite devant un bosquet de pins. Descendre à nouveau jusqu'à un chemin de traverse. Prendre à droite et sortir des bois (vue sur la vallée de la Brévenne). Dépasser une plantation d'érables et bifurquer à droite dans une belle croisée à pique-nique (églantiers). Accomplir désormais une grande traversée vers le Nord en conservant toujours le chemin le plus horizontal (rouge et jaune). Après une fourche prendre tout droit et commencer bientôt à tourner ostensiblement vers la droite (coucous). Rejoindre la bifurcation du sentier de Tour de Pays. Descendre en face (gauche) vers les maisons, la voiture et le col par l'itinéraire de l'aller.

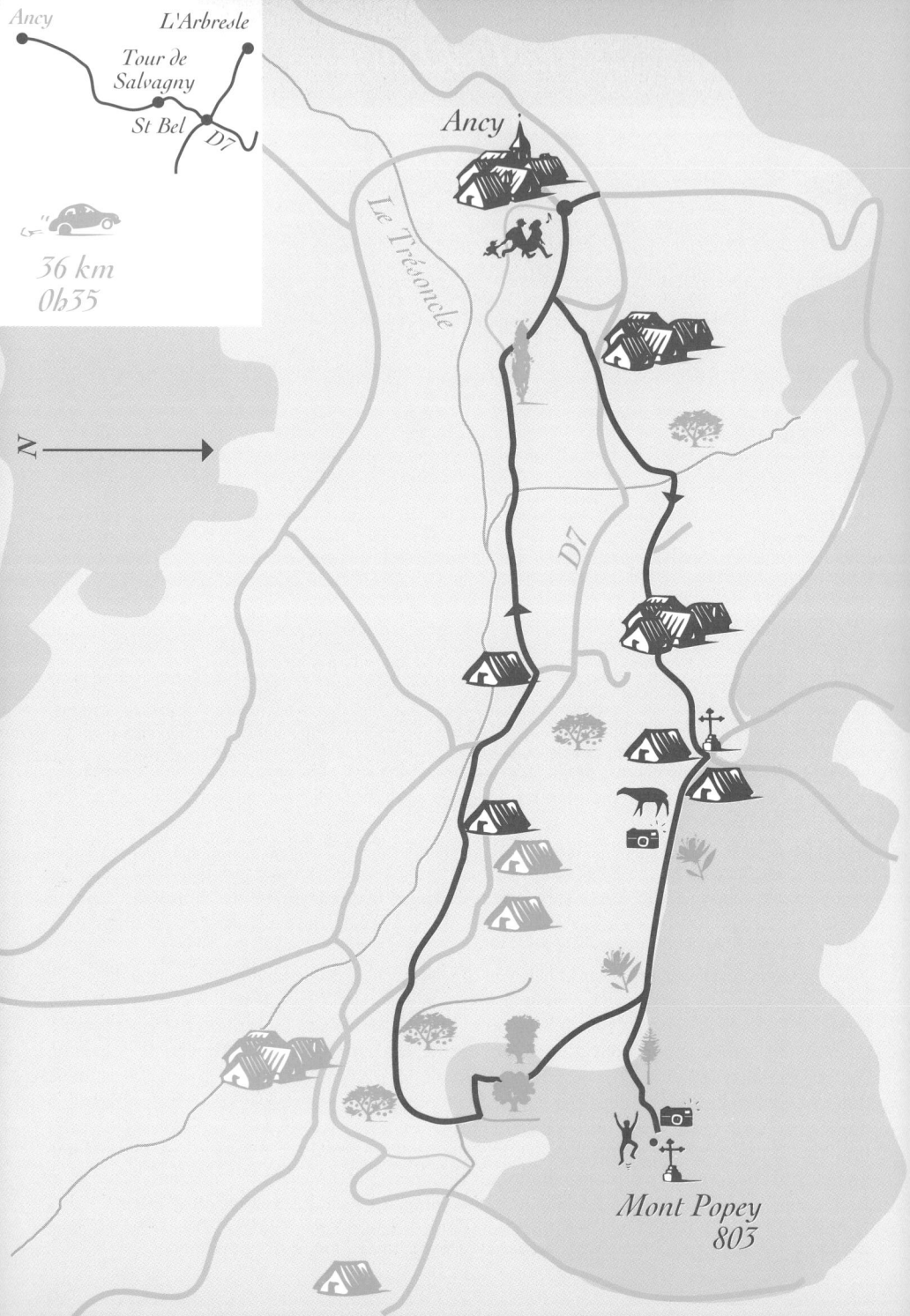

22 - Mont Popey

 Ancy - 500 m   603 m

1 h 05   0 h 55   bleu (sur les deux premiers tiers du parcours)

L'architecture des maisons faites de pierres brunes et de pierres dorées et l'omniprésence des cerisiers gravent le caractère du vallon du Trésoncle. Mais cette boucle vaut d'abord par la variété des sites traversés sous la protection de la haute stature du Mont Arjoux. La traversée des crêtes et le style du tympan de l'église d'Ancy n'en sont pas les moindres atouts.

 œillets, centaurées

Depuis l'horloge de Tassin, prendre la D 7 jusqu'à Saint Bel. Traverser Saint Bel et remonter jusqu'à Savigny. Tourner à gauche dans le village et suivre la vallée du Trésoncle sous le regard du Mont Arjoux. Rentrer dans Ancy et se garer à gauche sur la place de l'église.

Descendre devant le fronton de l'église pour tourner presque aussitôt à gauche. Sortir du village et rejoindre le croisement sous la salle des fêtes. Remonter en face jusqu'à la route départementale. Devant la croix, continuer en face sur la petite route qui se hisse en direction de Bancillon. Traverser ce hameau (vergers) et continuer la montée diagonale jusqu'à la crête (maisons ; croix).
Tourner à droite dans le chemin de crête, calé entre les parcs à moutons et les bois de chênes (œillets ; genêts ; scabieuses ; églantiers). Descendre un peu et avancer jusqu'au pied de la butte sommitale du Mont Popey. Prendre à gauche le sentier qui remonte en lisière puis sous bois (centaurées ; pins sylvestres). La trace tortille sans efforts jusqu'à la croix qui marque le sommet (du socle, belle vue sur la vallée de la Turdine).
Revenir au pied de la butte. A gauche du sentier, notre chemin passe en versant Sud, coupe une haie d'aubépines et plonge dans la descente vers un bois (bleu clair). Rentrer sous les châtaigniers et les chênes. Le chemin fait un virage à gauche, puis à droite, puis à gauche à nouveau pour déboucher au-dessus d'une sorte de col ponctué d'une route. Surveiller à main droite et rentrer aussitôt dans un chemin herbeux qui va couper le flanc droit du Mont Popey (balisage bleu). Au milieu des cerisiers, il descend lentement et rentre dans le vallon du Trésoncle. Rejoindre la route au-dessus d'un bassin de maraîchage. Revenir de 10 m sur la gauche et plonger dans le chemin qui repart vers la droite au milieu des serres. Remonter le fond du vallon en se rapprochant du ruisseau. Déboucher sur une petite route que l'on remonte vers la droite, jusqu'au-dessus de la ferme. Dans le virage poursuivre droit sur le chemin qui domine les petits jardins, en direction du village d'Ancy. Tourner à droite derrière un bosquet de peupliers et remonter la route qui rentre au village par le croisement de la salle des fêtes.

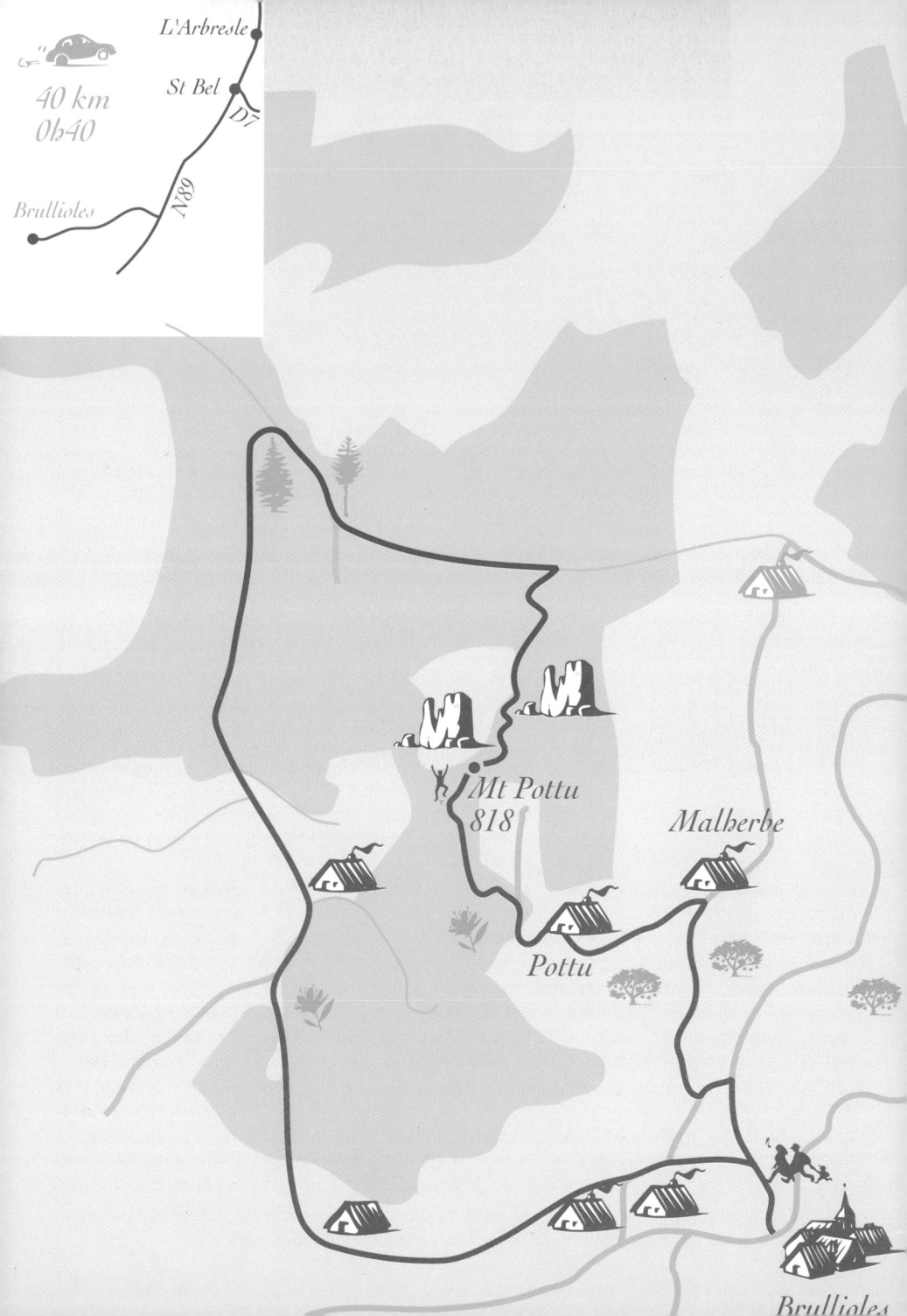

23 - Le Mont Pottu

🚗	Brullioles - 540 m		⛰️	818 m
	0 h 50	1 h 15	📍	bleu et jaune/vert puis GR au retour
🌿	violettes, véroniques		🌳	plantations de cerisiers

Cette petite ascension nous permet de rentrer un peu plus dans la vallée de la Brévenne et de découvrir le charmant village de Brullioles. L'omniprésence du cerisier est impressionnante. Le respect des cultures s'impose d'autant plus.

Sortir de Lyon par Tassin et la route de St Bel (D 7). A St Bel tourner à gauche par la RN 81 qui s'enfonce dans les Monts du Lyonnais. A la Brévenne, monter à droite en direction de Bessenay et de Brullioles. Presque aussitôt quitter la route de Bessenay et s'engager à gauche sur la petite route sinueuse (D 81) qui conduit, entre les cerisiers jusqu'à Brullioles. Se garer sur la place derrière l'église.

Retraverser la route principale devant la place Neuve et prendre la route de St Julien du Bibost. Sortir du village par la chapelle du cimetière. Rester sur la route de St Julien jusqu'au niveau du boulodrome (jaune/vert et bleu). Peu après quitter la départementale et monter sèchement à gauche par une petite route (jaune/vert et bleu) puis, après 100 m, à droite (frênes, boutons d'or, chênes). Au bout de 500 m, juste devant une ferme dans un creux, monter à gauche vers le gîte de Pottu. Avancer jusqu'aux derniers bâtiments au-dessus desquels démarre, dans le prolongement de la route, un petit chemin qui revient en épingle vers le Nord. Surveillez votre gauche : après 200 m monte, encore à gauche, un sentier sous les arbres (bleu ; orchis, violettes, genêts). A l'orée du bois il repart vers la droite en diagonale directe jusqu'à la crête. La longer en conservant le même axe jusqu'au sommet proprement dit marqué par des blocs et une grande prairie.
Le sentier continue et repasse sous l'amas de rochers pour aller en traversée rejoindre un nouveau groupe de rochers plus imposant (traces multiples ; suivre le balisage). La sente le traverse par la gauche et poursuit sa descente sans jamais s'éloigner de la coupe de bois qu'elle traverse même un instant. Au pied d'un raidillon, tourner à gauche, puis à droite (balisage). Rejoindre presque aussitôt un grand chemin transversal (panneau).
Abandonner le balisage et tourner à gauche. Rejoindre ainsi une épaule de la montagne marquée de pins. Continuer droit et descendre jusqu'en lisière de la forêt. On rejoint le balisage GR. Dès cet instant tourner à droite dans un plus petit sentier. Il va nous ramener progressivement sur le versant de Brullioles. Sortir une première fois du couvert en conservant votre sentier horizontal (GR). Dépasser une petite ferme (cerisiers et marronnier) et lorsque la route redescend, poursuivre encore tout droit sur le petit chemin (violettes). Traverser sous les derniers chênes et ressortir à l'approche des premières maisons de Brullioles. Passer dans le dos des premiers bâtiments, longer le goudron une centaine de mètres et plonger tout droit dans le chemin herbeux qui conduit au croisement qui précède la chapelle du cimetière (balisage GR dans toute cette partie). Tourner à droite, rejoindre la chapelle et de là, la place Neuve et l'église.

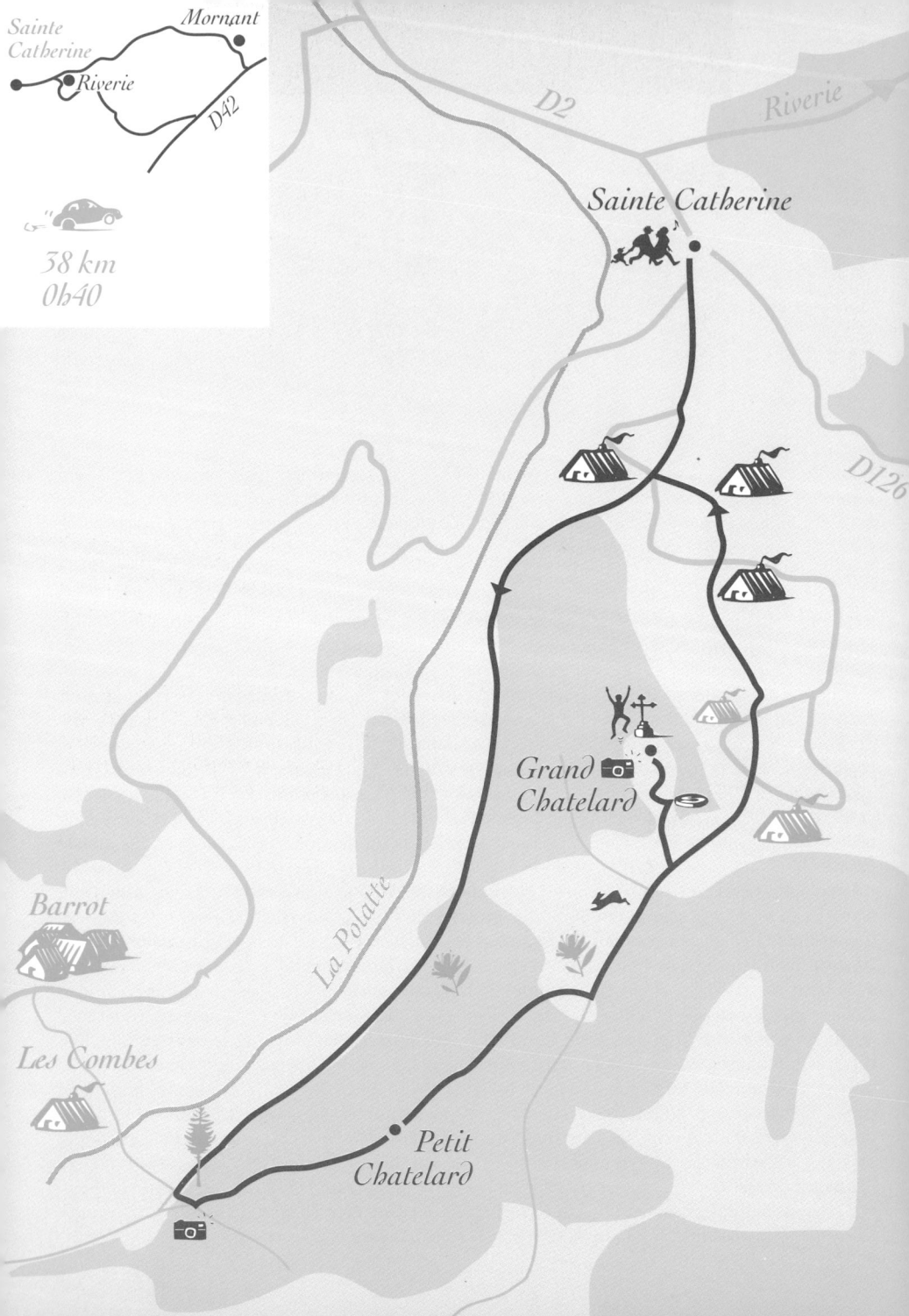

24 - Le Grand Chatelard

L'ascension du Grand Chatelard est un faux prétexte pour cheminer sur un circuit bien tranché en deux parties : la remontée verdoyante du vallon des Eygaux et le retour par les crêtes aérées du Petit Chatelard. Le chemin emprunté au début du parcours peut vite s'avérer boueux après la pluie.

Sortir de l'agglomération lyonnaise par la D 42 qui mène à Rive-de-Giers. Décrocher à droite au croisement de Bellevue et monter en direction de Riverie. La route contourne la cité médiévale. Rentrer, 2 km plus loin, dans le village de Ste Catherine. Tourner à gauche après l'église en direction du camping du Grand Chatelard. Se garer après 250 m sur le petit parking du boulodrome.

Poursuivre en direction du cimetière. Là, prendre tout droit la route bordée de peupliers. Au bout de la ligne droite, prendre à gauche le chemin balisé qui fait un crochet et retrouve la route au-dessus (scabieuses, boutons d'or). Abandonner le balisage GR et traverser la route pour s'enfoncer dans un chemin qui va rentrer sous bois et contourner le relief (jaune). Le chemin longe ainsi la lisière qui rentre à plat dans le vallon des Eygaux (véroniques, chênes, pins). Conserver le chemin de lisière balisé lors des bifurcations. Il alterne les passages à découvert et les entrées sous bois (violettes).

Au niveau d'un petit bois de pins, tourner à gauche vers la crête. Sur le croisement de la ligne de crête, tourner encore à gauche avec le balisage GR. Un bon sentier monte en pleine pente pour conserver la crête. L'itinéraire joue aux montagnes russes (jaune/blanc et GR) et dégage de belles échappées sur les contreforts orientaux du massif et le Pilat. On débouche dans les prairies du col qui sépare les sommets du Petit et du Grand Chatelard (marguerites). Le chemin conserve sa direction pour remonter et couper le flanc droit du Grand Chatelard (lapins). Au point le plus haut, tourner à gauche pour rejoindre le réservoir en béton calé sous le sommet. Tourner à gauche devant le réservoir et longer le pré par la droite. Rejoindre la grande croix (panorama sur l'intérieur des Monts du Lyonnais).

Redescendre au chemin balisé. Tourner à droite pour opérer le retour sur Sainte Catherine. Le chemin passe au-dessus du camping. Dans un croisement qui surplombe le village, s'enfoncer tout droit dans un sentier qui plonge. Retrouver plus bas une route goudronnée et avec le balisage GR continuer dans la descente. Couper une nouvelle fois la route et se diriger vers une petite maison que l'on dépasse par la gauche. Rejoindre l'itinéraire aller au-dessus d'une courbe. Le suivre jusqu'au cimetière et aux voitures.

Du Pilat à l'Isle Crémieu

	Temps de marche aller-retour
Le Pilat	
25 - Chapelle de Saint Sabin	1 h 00
26 - Le Saut du Gier	1 h 05
27 - Les Trois Dents	1 h 30
28 - Les Gorges de Malleval	1 h 50
29 - Le Mont Monnet	2 h 00
30 - La Petite Olagnière	2 h 10
31 - Les Crêtes du Pilat	2 h 55
32 - Chartreuse de Sainte Croix	2 h 55
Les Terres Froides	
33 - Les Etangs des Chaussées	1 h 40
34 - La Croix des Cochettes	2 h 15
35 - Notre-Dame de Milin	3 h 00
L'Isle Crémieu	
36 - Chapelle du Chatelan	0 h 55
37 - Vallon de Chalignieu	1 h 10
38 - Le Grand Mollard	1 h 10
39 - L'Etang de Moras	1 h 15
40 - Circuit de la Balme	1 h 50
41 - Le Traversa	2 h 15
42 - Boucle de Larina	2 h 30

25 - Chapelle de Saint Sabin

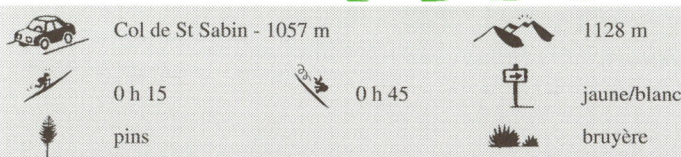

🚗	Col de St Sabin - 1057 m		⛰	1128 m
⛷	0 h 15	🥾 0 h 45	🪧	jaune/blanc
🌲	pins		🌿	bruyère

Des terrasses du Saint Joseph aux pommiers en fleurs, des prairies aux forêts de sapins, les richesses du versant Sud-Est du Pilat s'étagent sur la montée de la plaine rhôdanienne. La Chapelle de St Sabin a été construite en 1683. Réaménagée par le Parc Naturel Régional du Pilat, elle accueille un pèlerinage tous les lundis de Pentecôte. La lumière du matin dégage sur le site un sentiment de sérénité.

Par l'autoroute A 7 sortir à Verenay et suivre la N 86 jusqu'à l'entrée de St Pierre le Bœuf. Tourner à droite en direction de Malleval et Maclas. Derrière l'église tourner à droite puis à gauche en direction de Véranne et Colombier. Après Véranne la route monte en lacet et, après le Verdier, tourne à droite vers le Buet. Dépasser le Sauze puis à gauche, suivre l'indication "auberge de St Sabin" jusqu'à la lisière qui précède le Col de St Sabin (parking/panneaux PNR du Pilat/tables de pique-nique).

Le sentier "d'interprétation du site" démarre en haut et à droite du parking (jaune/blanc). Bien large, le sentier remonte en sinuant au milieu des bruyères, genêts, jeunes pins et bouleaux. Il passe bientôt, à gauche (clôture), sur le versant de Pélussin (sapins, épicéas) et reprend sa montée. Après un coude sur la droite, le sentier revient sur la plate-forme sommitale. La chapelle est posée sur une pelouse bordée de blocs versant Nord-Est (magnifique belvédère).
Revenir au sentier (borne 480) qui tournait horizontalement vers la droite à l'entrée de la pelouse. Le sentier file aisément vers le Sud droit sur la crête (pins, genévriers et genêts). Au pied d'une longue descente douce, tourner à droite pour revenir au parking par une belle route forestière (jaune/blanc). La piste traverse horizontalement la forêt de sapins (fougères, framboisiers) et va déboucher sur l'aire de pique-nique qui marque le fond de notre parking.

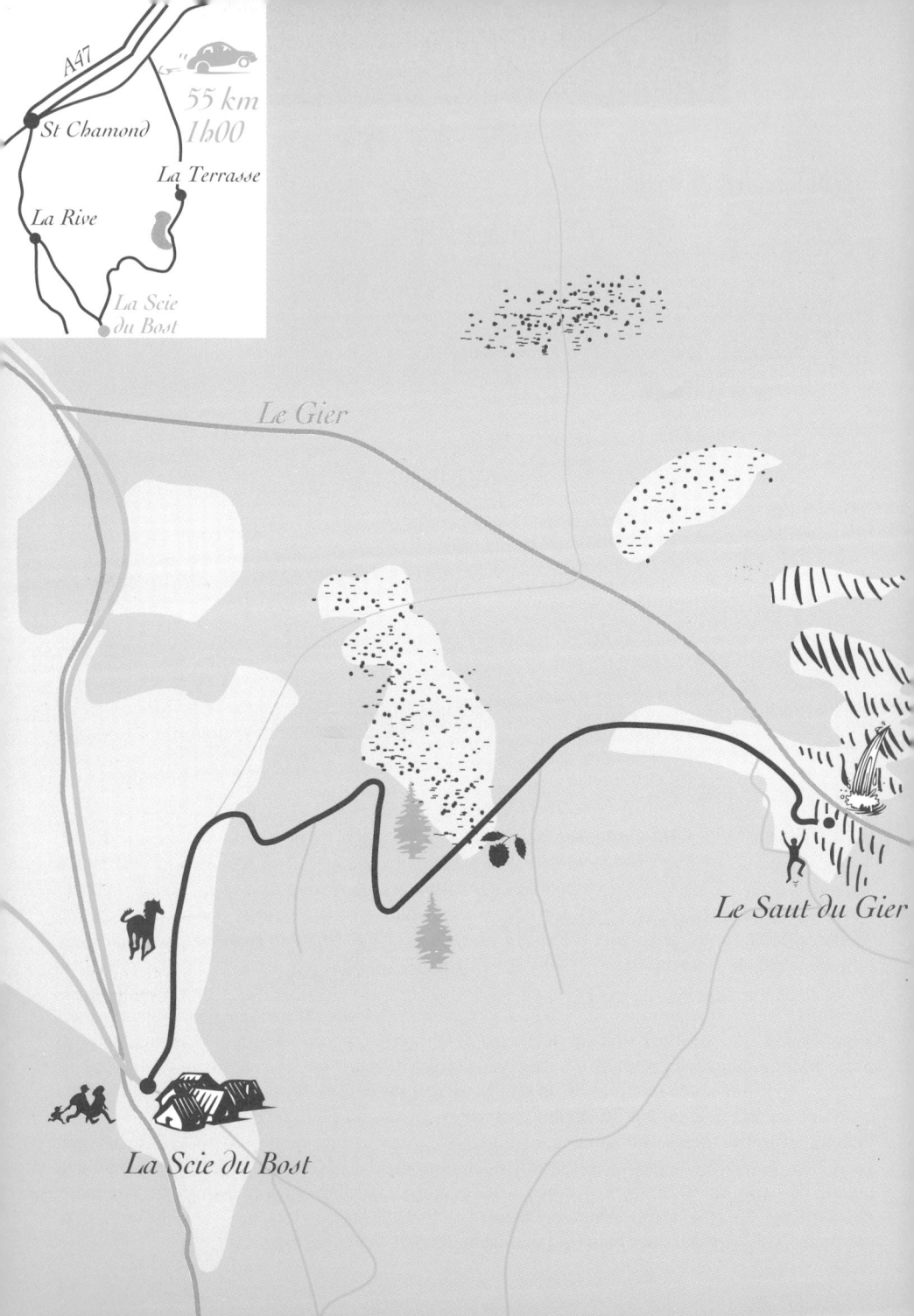

26 - Le Saut du Gier

 La Scie du Bosc - 816 m   1470 m

 0 h 40   0 h 25   brun/blanc

 magnifique cascade de plus de 50 m de haut, le Saut du Gier est un site romantique dont la renommée n'est pas usurpée. D'accès court et aisé, il devait tout naturellement trouver sa place dans ce guide.

 sapins   framboisiers

Sortir de Lyon par l'autoroute du Sud. A Givors prendre la A 47 en direction de St Etienne. Sortir à Grand-Croix, tourner à droite puis à gauche en direction de St Paul en Jarez. Monter jusqu'à la Terrasse et Doizieux. A l'entrée de ce village, tourner à droite pour aller franchir la Croix du Planil. Redescendre sur l'autre versant jusqu'au fond du vallon. Là, remonter directement par une toute petite route jusqu'à la Scie du Bosc. Se garer à droite sous le hameau.

S'avancer jusqu'à l'entrée du hameau et tourner à gauche entre les maisons (panneau "sentier n° 4 - Le Saut du Gier 40 mn"). Un chemin dallé revient en faux plat montant à l'aplomb du parking. Au bout de sa traversée, il tourne à droite (panneau) et monte aussitôt sous bois. Le large sentier tourne sous les sapins pour aller virer près d'un grand éboulis. Il rentre à nouveau à couvert pour aller repasser bien au-dessus du champ de blocs. Il traverse alors presque horizontalement jusqu'à rentrer dans la combe du Gier (framboisiers). Au terme d'une traversée de blocs on aperçoit les à-pics rocheux et la grande cascade. S'avancer à loisir jusqu'à son pied.

Le retour s'effectue par l'itinéraire de montée.

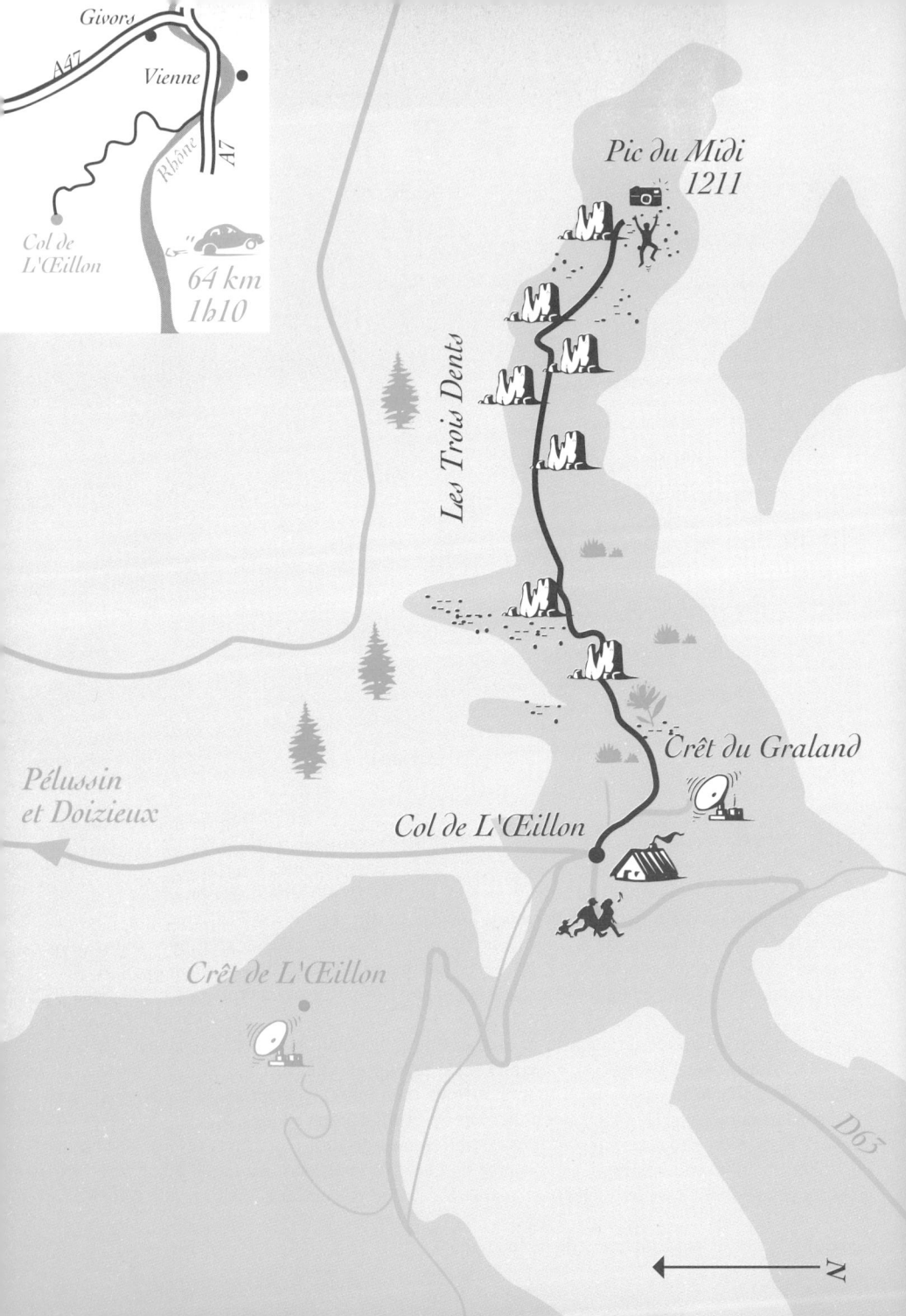

27 - Les Trois Dents

 Col de l'Œillon - 1232 m   1211 m

 0 h 45   0 h 45   sans

auberge au col

Parcours ludique à saute-mouton sur les Trois Dents qui s'achève au Pic du Midi. L'itinéraire n'est jamais exposé même si les mains sont utiles parfois ; les échappatoires sont toujours possibles. Il sera cependant déconseillé de l'aborder par temps humide ou avec de trop jeunes enfants. La position avancée sur le versant rhôdanien ouvre de belles perspectives sur la plaine, les Alpes et la crête faitière du massif.

Monter au Col de l'Œillon en passant par le collet de Doizieux. On a rejoint ce col en montant depuis Lorette (D 88 et D 7) si l'on vient de l'autoroute de St Etienne, et en montant de Chavanay et Pélussin (N 86, D 7 et D 63) si l'on est sorti de l'autoroute A 7 à Verenay.

Du fond du parking, remonter directement sur la butte du Crêt du Graland. L'itinéraire des Trois Dents se déroule sur la gauche. En suivant des traces parfois multiples au milieu des genêts descendre au pied du premier rognon. Le remonter pour le descendre aussitôt à droite. Descendre une rampe d'éboulis puis contourner totalement le suivant par la droite. Traverser par une sente au milieu des genêts jusqu'au pied de la Roche Anglaise. Suivre la trace qui s'insinue à droite pour sortir sur le flanc gauche. Rester de ce côté quand la trace redescend. Traverser la crête suivante sur son fil. Rejoindre la selle suivante par un crochet à gauche et une petite sangle. Couper dans les buis, gravir directement l'antécime qui se désescalade de l'autre côté par un couloir facile. Enfin, l'ascension finale du Pic du Midi s'accomplit par un sentier débonnaire qui se décale un peu à droite. Le sommet se présente comme une grande plate-forme rocheuse dégagée sur la plaine du Nord-Est.

Sans difficulté, mais avec un peu de mémoire de l'itinéraire, retraverser les crêtes jusqu'au Crêt du Graland, et de là au parking.

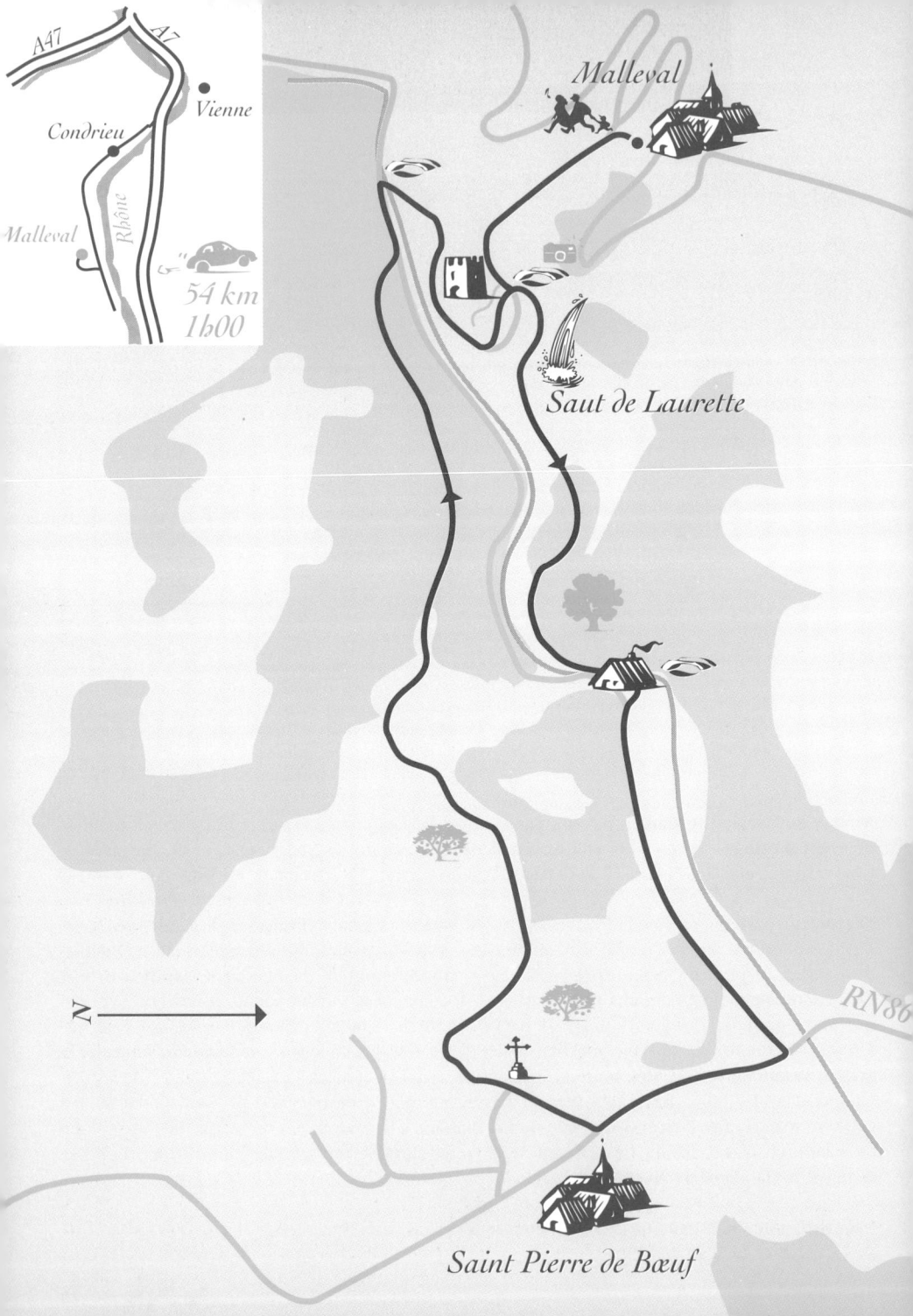

28 - Gorges de Malleval

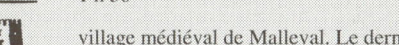

 Malleval - 300 m    St Pierre le Bœuf - 140 m

 1 h 50   multiples

village médiéval de Malleval. Le dernier dimanche d'avril, fête des vignerons du St Joseph.

Il est difficile de résister à la curiosité et au plaisir de découvrir d'entrée le village médiéval de Malleval. Voilà pourquoi, contrairement à l'orthodoxie alpine, notre circuit commence par une descente et se termine par une remontée. Qu'importe, même au départ de St Pierre du Bœuf, vous vous rafraîchirez du Saut de Laurette, traverserez les abricotiers en fleurs, ne manquerez pas les ruelles étroites du vieux village et regretterez de toute façon les 800 m de bitume... incontournables.

Par l'autoroute A 7 sortir à l'échangeur de Condrieu-Ampuis et suivre la N 86 jusqu'à l'entrée de St Pierre le Bœuf. Tourner à droite en direction de Malleval et Maclas. Après 2 km dans les gorges, tourner à droite jusqu'au centre fortifié du village. Se garer sur la place de la poste.

Revenir par la rue jusqu'au croisement de l'église. Descendre à gauche dans l'étroite ruelle en contrebas de la chaussée. Ce chemin goudronné serpente entre deux maisons jusqu'au pont du Saut de Laurette. Le traverser et suivre le chemin à flanc de côteau, au milieu des cultures en terrasses. Arrivé à une fourche, prendre le chemin de droite (balisage VTT et bleu/marron). Sortir des chênes et traverser le torrent sur une passerelle. Suivre toujours le balisage et remonter à la route. La descendre tout droit jusqu'au croisement avec la RN 86, à l'entrée de St Pierre le Bœuf. Rentrer à droite dans St Pierre.
Dans un virage de la montée, après 500 m (panneau-carte VTT) se glisser à droite dans la rue du Pilat. Elle remonte entre les maisons pour rejoindre le chemin de la Chana. Monter encore 100 m et quitter la route devant un mur en se glissant à droite dans le chemin balisé (lierre). On s'élève progressivement. La vue s'élargit sur le Rhône alors qu'on traverse au milieu des cerisiers, des pêchers, des pâquerettes et coquelicots. Le chemin descend sur l'autre versant à travers les plantations.
A l'Aléon, prendre le chemin de droite (VTT, orange et marron/bleu). Laisser à gauche l'itinéraire VTT qui monte et rester à plat (blanc/brun). Au milieu d'une nature plus sauvage, le chemin domine la route et l'on aperçoit bientôt Malleval. En dominant la cascade du Saut de Laurette, redescendre rapidement jusqu'à la route. Remonter au village.

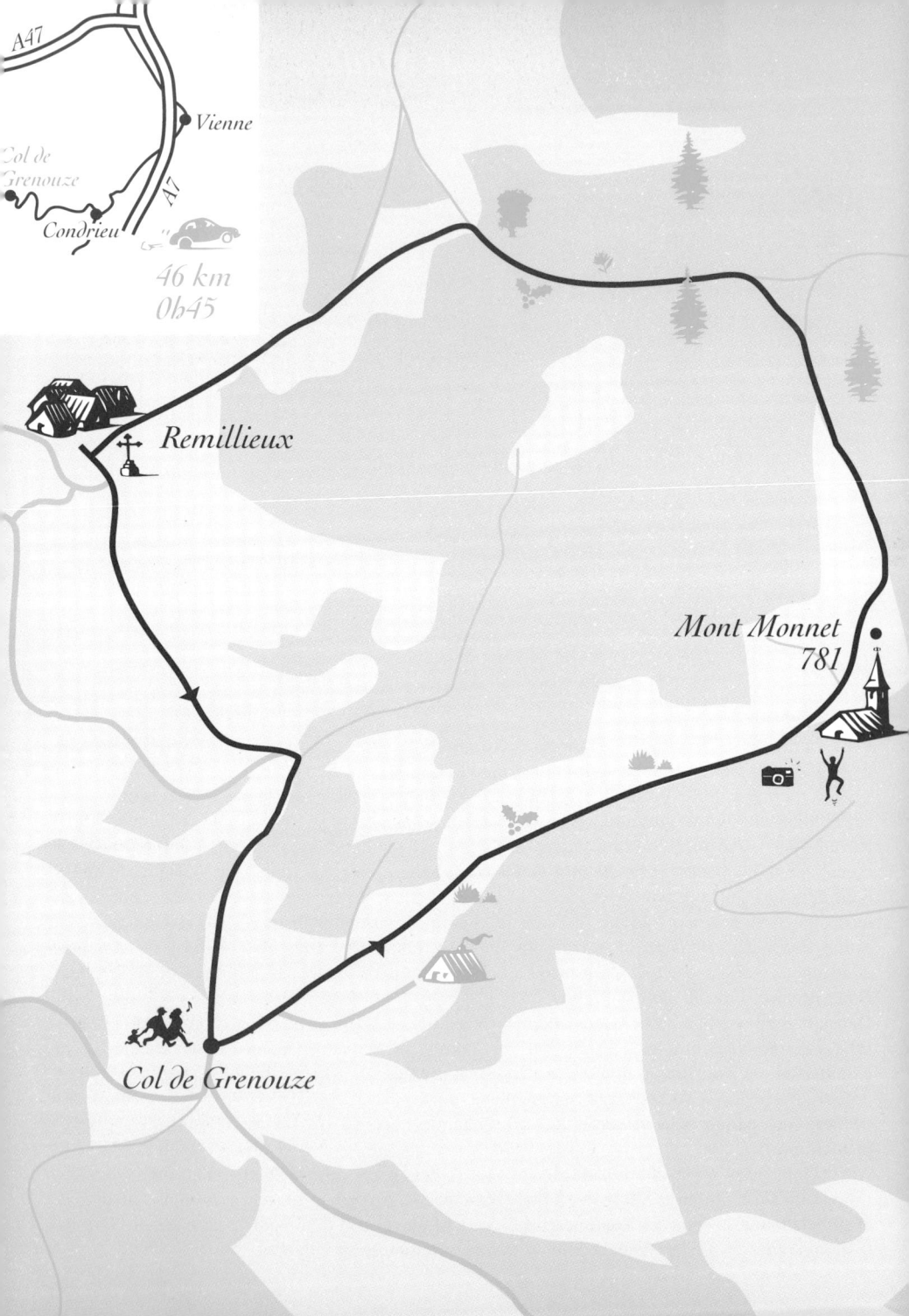

29 - Le Mont Monnet

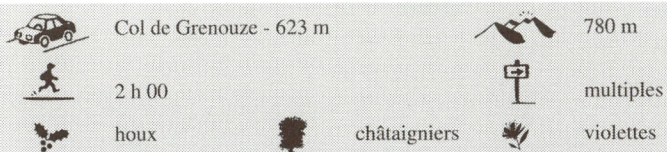

🚗	Col de Grenouze - 623 m	⛰	780 m
🚶	2 h 00	🪧	multiples
🌿	houx	🌳 châtaigniers	🌸 violettes

Devant le Mont Monnet et le Crêt de Baronnette, à deux pas au-dessus des côteaux du Vignier, le Mont Monnet est l'ultime soubresaut du massif du Pilat. Une table d'orientation au sommet consacre cette position avancée, entre les vallées du Giers et la plaine du Rhône qui se rejoignent à ses pieds.

Par l'autoroute A 7 sortir à l'échangeur de Condrieu-Ampuis et suivre la N 86 jusqu'au centre de Condrieu. Avancer jusqu'au feu et tourner à droite dans les rues du centre ville. Remonter la route qui attaque le côteau en direction de la Chapelle-Villars. Enchaîner les lacets jusqu'au Col de Grenouze. Grand parking au col même.

Du parking traverser la route et prendre à droite la petite route qui monte en direction de la table d'orientation. Laisser la route goudronnée sur la droite et prendre le très large chemin de terre. Prendre ensuite le chemin qui monte face à la pente en direction du pylône (vert/blanc ; houx, genêts). On parvient ainsi à la table d'orientation du sommet. Avancer jusqu'à la chapelle (vierge).
Laisser à gauche un chemin et se diriger vers un autre pylône, que le chemin évite. Descendre ensuite (blanc) vers une forêt de sapins. Dans un carrefour complexe, prendre le second chemin en partant de la gauche (VTT). Ce chemin se dirige vers la colline suivante et l'évite par la gauche (sapins, châtaigniers, houx et violettes). Dans un carrefour entre les champs et les sapinières, aller tout droit. Conserver le cap jusqu'à la route goudronnée et aux premières maisons (bleu ; croix), prendre à gauche. Abandonner la route goudronnée qui descend à droite pour aller tout droit sur le chemin balisé VTT, bleu/orange. En traversée diagonale rejoindre, dans une épingle, la D 625 qui remonte au Col de Grenouze.

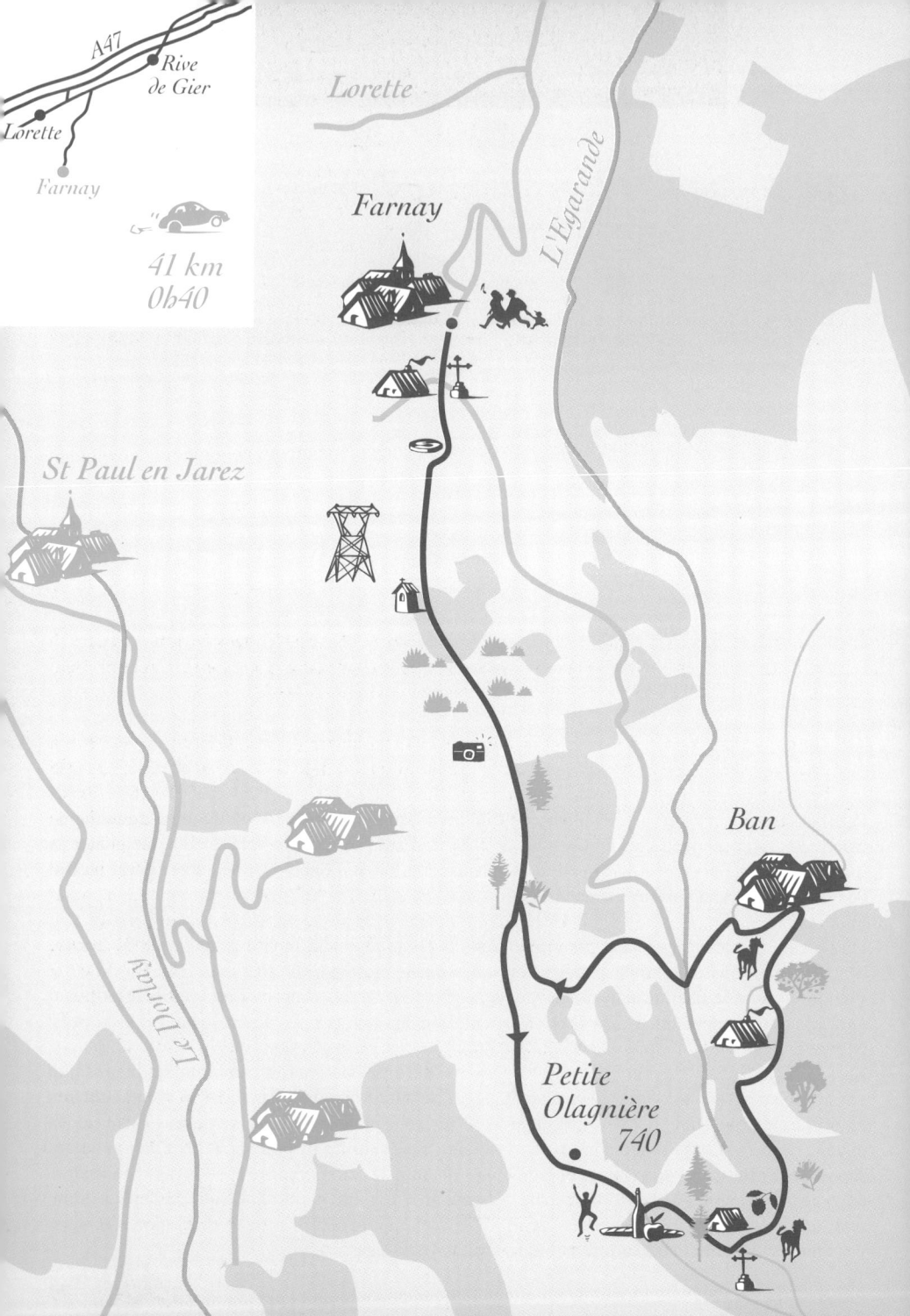

30 - La Petite Olagnière

🚗	Terrain de foot de Farnay - 453 m	⛰️	740 m
🚶	1 h 15	⛷️	0 h 55
		🪧	bleu
🐎	ranch à Ban		serpolet, ancolies

Pour une fois délaissez cols et sommets de la crête faîtière, tellement fréquentés, et partez à la rencontre du vallon de l'Egarande, au-dessus de Lorette. Hormis les randonneurs locaux, qui pourrait soupçonner une nature aussi intacte à l'entour des fumées industrieuses de la vallée du Giers ?

Par l'autoroute Lyon-St Etienne, rouler jusqu'à la sortie "Lorette". Dans Lorette, tourner à gauche en direction de Farnay. Traverser le village pour aller se garer en sortie, direction Ban, près du terrain de foot et de boules.

Prendre la route de Ban sur 300 m pour buter sur un croisement (croix). Décrocher de 10 m à gauche et reprendre la montée sur un chemin direct. Monter à découvert jusqu'au réservoir que l'on contourne indifféremment par la gauche ou par la droite (cerisier sauvage ; balisage bleu). Dans un terrain schisteux, le chemin poursuit la remontée de crête, passe sous la ligne de haute tension et rejoint la statue de la vierge. L'itinéraire se poursuit dans une foultitude de genêts et son inclinaison faiblit. La vue s'élargit sur les Crêtes du Pilat et l'on traverse en faux plat le sommet rocheux de Terrette et de Nanta. Descendre sur le Col de Vergelas qui marque le début de la boucle que l'on va accomplir (balisage bleu ; serpolet). Au pin isolé qui marque le croisement, remonter en face le chemin qui attaque la croupe découverte de la Petite Olagnière. Au sommet de la grande côte, le chemin s'incurve sur la gauche et domine, au loin, le Lac de la Terrasse. Avancer sur la crête jusqu'à l'angle d'un bois de pins (aire de pique-nique) où l'on bifurque à gauche pour rentrer sous bois.
Le chemin descend et vire à droite pour rejoindre la clairière et la fermette de Sud (chevaux). Notre itinéraire descend en diagonale à gauche, après les bâtiments (croix). Rentrer dans une sapinière (fraisiers, ancolies). Le chemin descend de plus en plus sèchement au milieu des feuillus. Le chemin repart vers la droite et débouche sur une piste transversale à l'approche des plantations. Descendre jusqu'à la route de Chansamerie. Tourner à droite et, par la route, rejoindre le hameau et le ranch de Ban.
Prendre la route de Farnay jusqu'au fond du vallon. Là, remonter à gauche la "bretelle" agréable et dégagée qui traverse jusqu'à la crête de l'itinéraire aller. On la retrouve au Col de Vergelas. Tourner à droite et par la crête et "la Sainte", redescendre à Farnay.

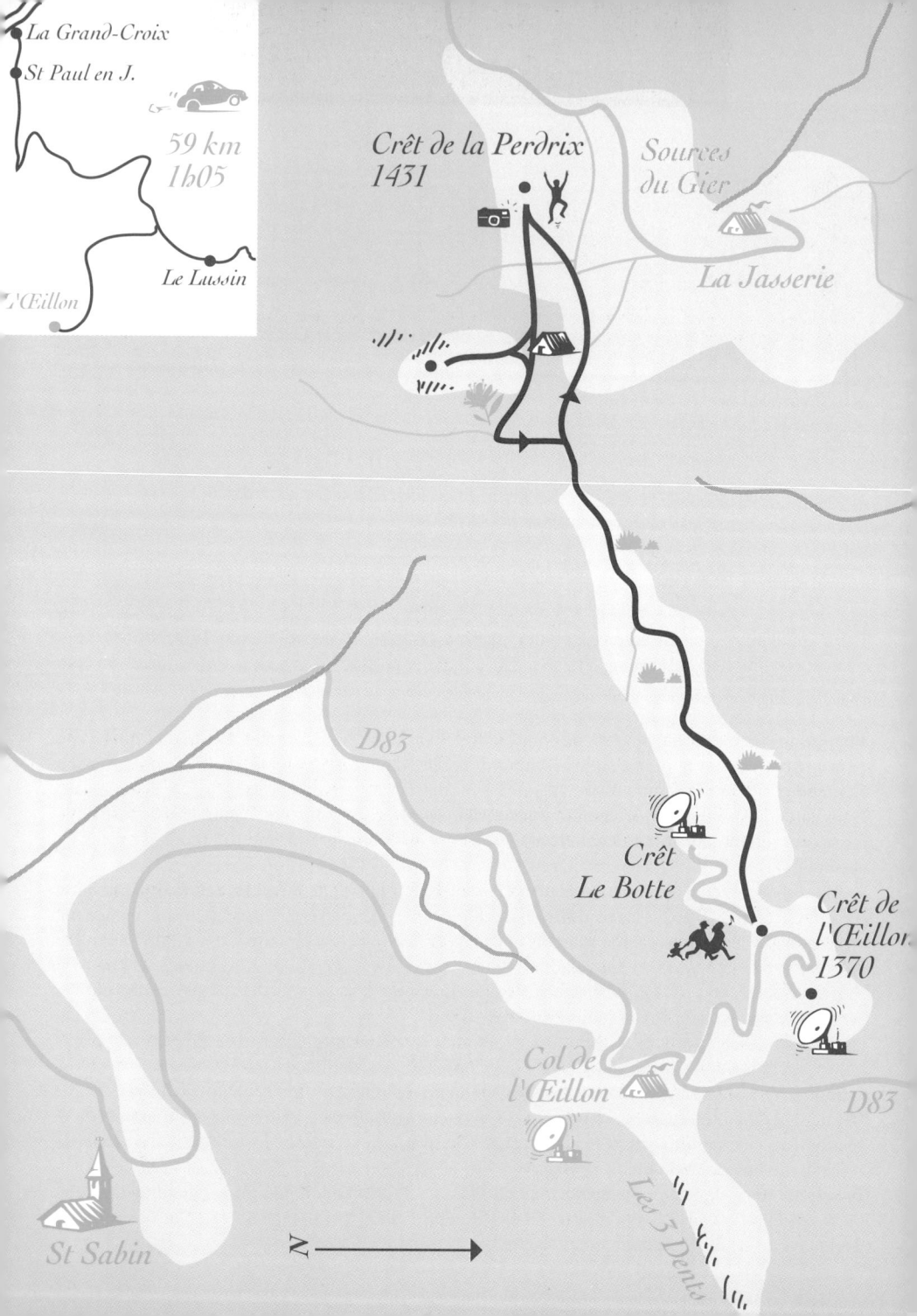

31 - Crêtes du Pilat

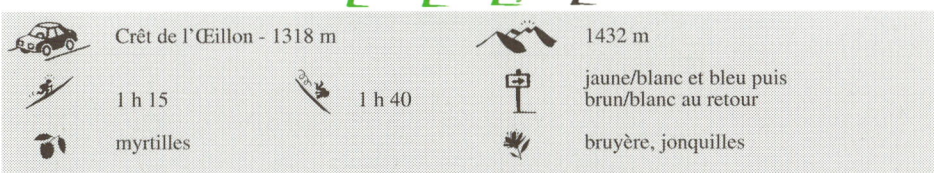

🚗	Crêt de l'Œillon - 1318 m	⛰️	1432 m
	1 h 15	🚩	jaune/blanc et bleu puis brun/blanc au retour
🫐	myrtilles	🌿	bruyère, jonquilles
	1 h 40		

Cette "route des crêtes" qui relie le sommet emblématique du massif à son point culminant est, fort justement, très fréquentée. Vous n'êtes donc pas obligé de la réserver pour le week-end de Pentecôte.

Monter au Col de l'Œillon en passant par le collet de Doizieux. On a rejoint ce col en montant depuis Lorette (D 88 et D 7) si l'on vient de l'autoroute de St Etienne, et en montant de Chavanay et Pélussin (N 86, D 7 et D 63) si l'on est sorti de l'autoroute A 7 à Verenay. Du croisement du Col de l'Œillon monter à droite par la route qui se dirige vers le relais du Crêt de l'Œillon. Se garer à la crête sur le parking de terre, situé à gauche.

Partir à l'opposé du Crêt de l'Œillon sur un large chemin caillouteux qui va couper sur son flanc droit le Crêt de Botte surmonté d'une énorme tour (bruyère et myrtilles). Presque horizontalement, le chemin suit sa course vers l'Ouest en contournant ensuite une butte dominée par un pylône en forme de Tour Eiffel. Se maintenant dans l'étage de la lande, on descend lentement vers le Col du chemin d'Etançon (croisement/panneaux). Rester sur la Route des Crêtes qui remonte désormais sous bois. Déboucher face au Crêt de la Perdrix et au-dessus de la Jasserie (téléskis). Lorsque la piste passe à l'aplomb des bâtiments (croisement/bosquet de pins), bifurquer en diagonale à gauche. Par le petit chemin (blanc/brun) rejoindre directement le pierrier sommital du Crêt de la Perdrix. Traverser les blocs jusqu'à la table d'orientation.

Revenir au pied du pierrier et prendre tout droit l'allée gazonnée (tourbières). S'avancer sous-bois et tourner à droite au niveau d'un chalet. Par le petit sentier avancer à découvert jusqu'au Crêt de l'Arnica. Revenir vers le chalet et passer à droite (panneau). Le sentier descend vers l'Est jusqu'à un chemin transversal (blanc/brun). Ce dernier nous ramène à gauche jusqu'à la route des Crêtes empruntée à l'aller. Tourner à droite et revenir par celle-ci au parking de l'Œillon.

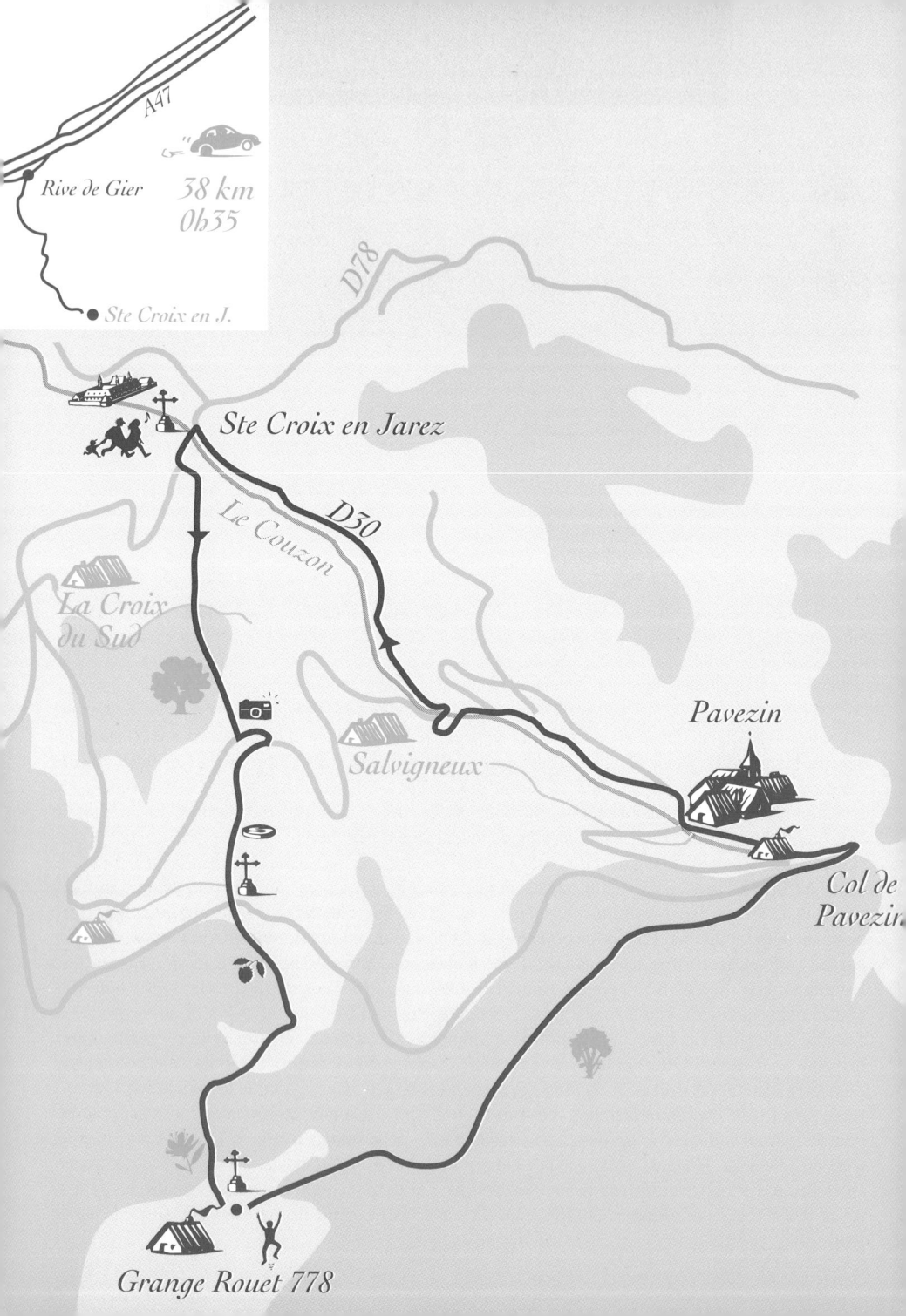

32 - Chartreuse de Sainte Croix

🚗 Sainte Croix en Jarez - 420 m		⛰ 778 m
🎿 1 h 15	🎿 1 h 40	🪧 brun/blanc à la montée ; bleu à la descente
🏠 Chartreuse de Ste Croix	🫐 framboisiers	🌸 ancolies

La Chartreuse de Sainte Croix fut fondée au XIIIe siècle par Béatrice de Roussillon. Un sentier du Parc Naturel Régional du Pilat porte son nom. Nous l'emprunterons à la montée jusqu'à la ferme de Grange Rouet.

Prendre l'autoroute de St Etienne et sortir à "Rive de Gier". Emprunter la route de Ste Croix en Jarez que l'on rejoint après 8 km. Passer devant la chartreuse pour aller se garer à droite, de l'autre côté du pont.

Rester sur la rive gauche du Couzon. De la croix monter par la route qui mène au Garat (balisage blanc). Après 50 m, quitter la route et traverser à gauche le ruisseau (balisage brun/blanc). Il remonte directement le versant de la montagne, entre champs et prés. Sans se laisser distraire par les chemins latéraux, il s'enfonce dans un bois de chênes (balisage brun/blanc). Le remonter par un chemin creux parfois humide, ou par la sente latérale. L'inclinaison s'apaise dès sa sortie (églantiers ; belle vue sur le Lyonnais). Déboucher sur la route de Valluy. Se décaler de 50 m et remonter à droite le chemin au milieu des genêts. Parvenir sur une agréable épaule en faux plat. Dépasser un réservoir et rejoindre la D 7 (croix de fer ; pique-nique). Attaquer en face le chemin qui grimpe en diagonale (cerisiers). Il contourne le versant (framboisiers) pour rentrer progressivement dans le vallon des Verrières. On aperçoit les bâtiments de la Grange Rouet. Notre chemin traverse en faux plat les champs (bleuets) et les bois de chênes et châtaigniers. Remonter sous la ferme de la Grange Rouet (ancolies) et rejoindre la route près d'un abreuvoir.

Redescendre à gauche par la route qui va couper tout le flanc de la montagne de Baronnette. Après 4 km sous les hêtres, retrouver la D 7, 200 m avant le Col de Pavezin. Poursuivre la descente à gauche, par la route de Ste Croix en Jarez. Après 250 m, quitter la route et descendre à droite (balisage bleu) dans le chemin qui précède le gîte. Tout de suite après le gîte, le chemin tourne à gauche, avant le sous-bois. On arrive derrière le clocher de l'église de Pavezin. Passer devant l'église et tourner à droite sur la route (balisage bleu). 20 m après une croix, descendre à gauche par un sentier herbeux. Il traverse les prés en rive droite du torrent. Il passe sous le cimetière et une ferme. Par un chemin caillouteux l'itinéraire rejoint la route de Ste Croix, au milieu des lacets (cerisiers). Par la route, descendre à Ste Croix.

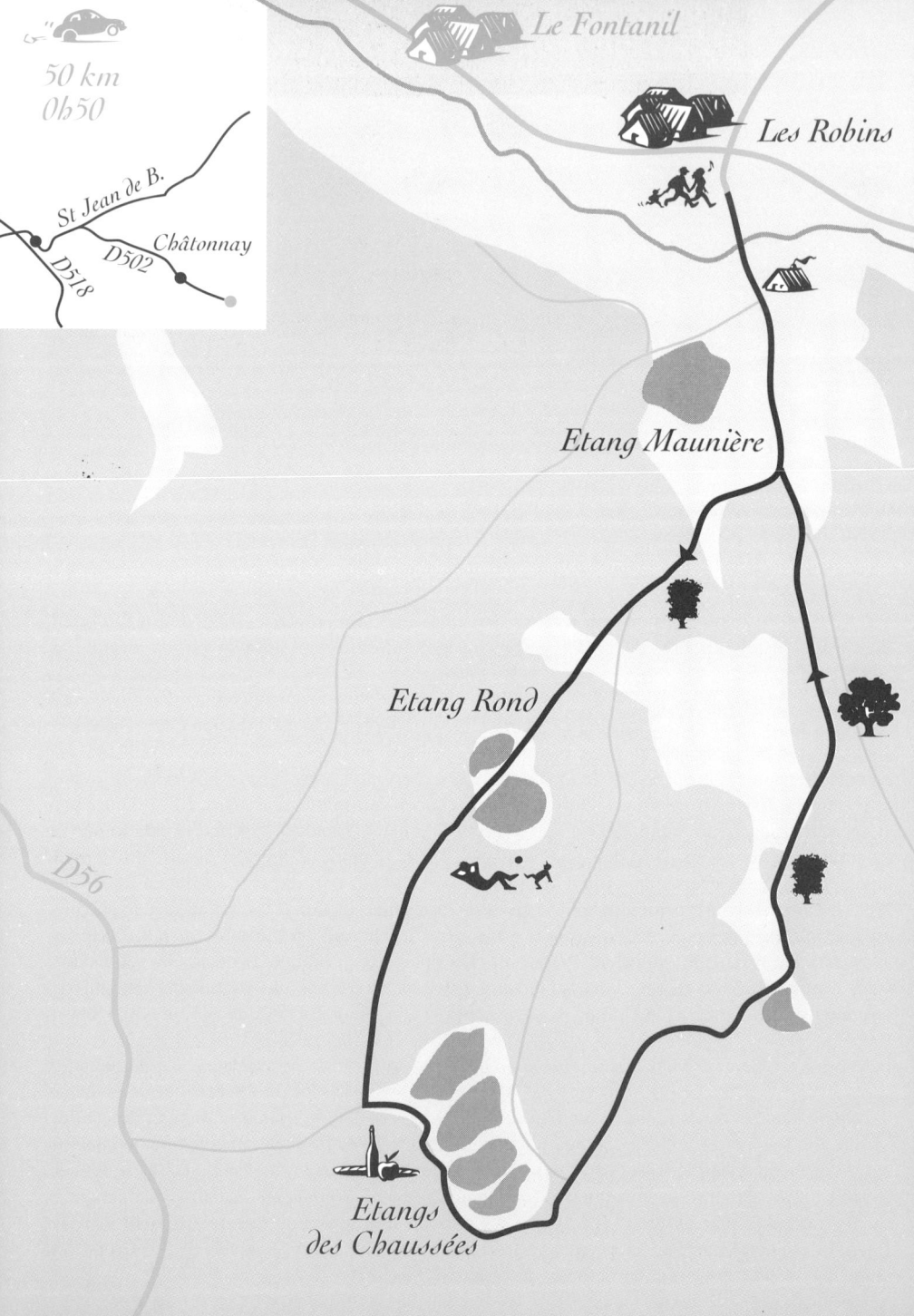

33 - Les Etangs des Chaussées

🚗	Les Robins - 515 m	⛰	588 m
🚶	1 h 40	🪧	sans
🌳	châtaigniers omniprésents	🍂	houx

La montée aux Etangs des Chaussées, empilés les uns sur les autres, se déroule dans un cadre assez sauvage. Plus encore pour les couleurs que pour les châtaignes, l'automne est la saison de prédilection de ce type de sortie.

De Vienne, se rendre à Châtonnay par la D 502. Quatre kilomètres plus loin, à la sortie du hameau des Robins, prendre à droite (calvaire, panneau "auberge campagnarde") une petite route goudronnée. Se garer aussitôt et au mieux.

Marcher jusqu'à la ferme qui marque le bout de la route (200 m environ). Prendre dans son prolongement le bon chemin jusqu'à une fourche qui marque l'entrée des bois. Ne pas monter mais prendre plutôt à droite le chemin qui longe la lisière des châtaigniers. Il ne tarde pas à remonter le versant. Prenez à droite dans une bifurcation, puis à gauche un peu plus loin. Vous déboucherez bientôt dans un beau pré clôturé qui domine le côteau. Le chemin rentre à nouveau sous bois et redescend jusqu'à la cabane et aux rives de l'Etang Rond. Passer de l'autre côté entre les deux étangs et longer le second vers le Sud (table et poubelle). Après 300 m de sentier sous bois on débouche sur la confortable route forestière des Etangs des Chaussées situés à proximité (tables de pique-nique, cabanes). Remonter à droite des étangs et contourner le plus élevé d'entre eux pour suivre un chemin qui file à l'Est. Au bout d'une descente, on croise un dernier petit étang avant de poursuivre en lisière. 400 m plus loin on repique une dernière fois sous les chênes et châtaigniers par une descente assez raide. Après un long plat (fougères, houx) on retrouve la bifurcation du départ où, tout droit et à découvert, le chemin nous ramène à la ferme et à la route.

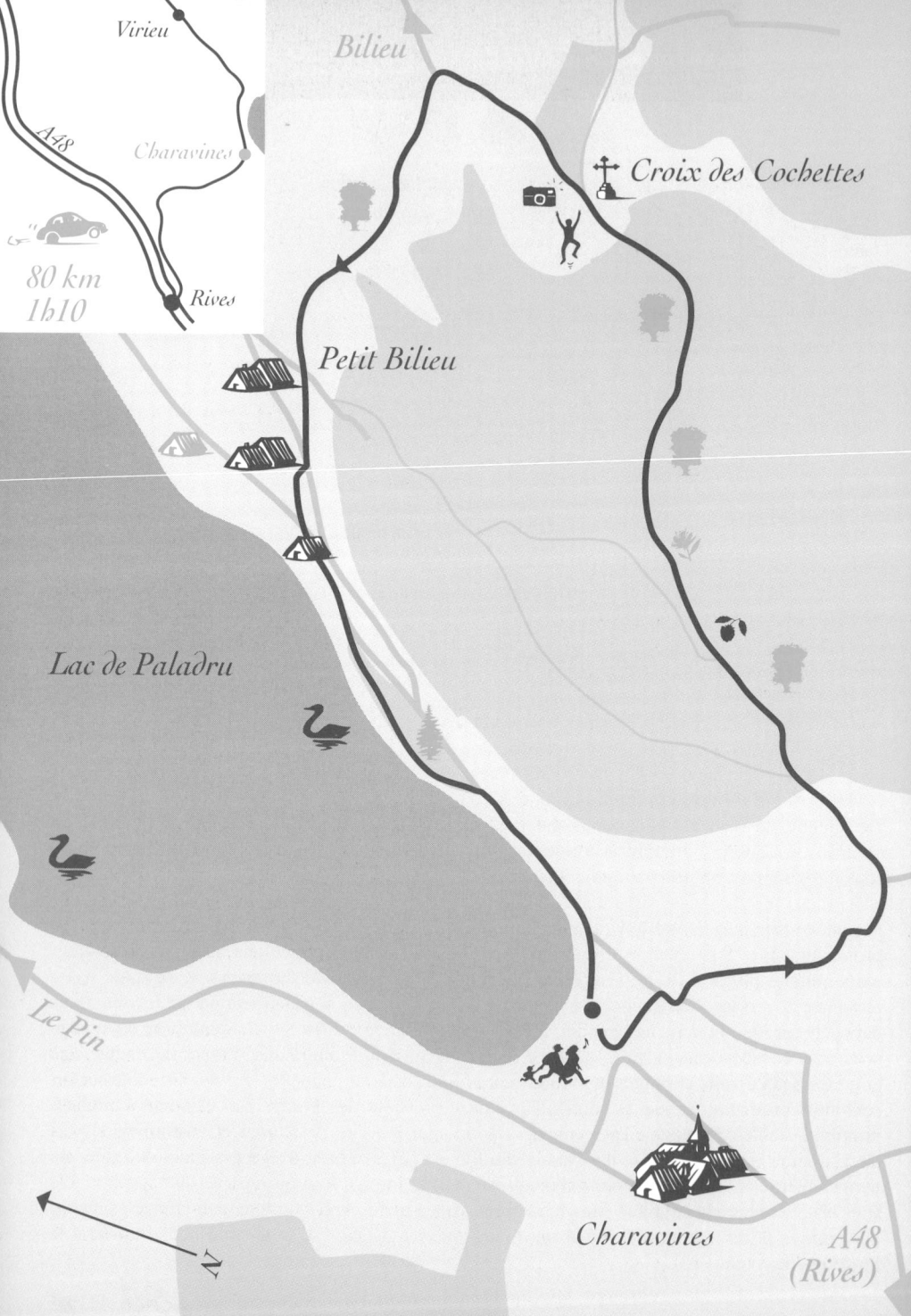

34 - Croix des Cochettes

🚗	Charavines - 500 m	⛰️	780 m
🚶	2 h 15	🪧	orange, bleu puis orange
🌳	châtaigniers	🌸 violettes	pissenlits
🦢	cygnes et canards sur le lac		

Baignade et visite du musée du lac étaient déjà deux bonnes raisons de fréquenter les rives du Lac de Charavines ou de Paladru. Le dynamisme de l'Office du Tourisme a rajouté la randonnée pédestre à la palette des attractions du lac, par la mise en valeur de ses sentiers.

Sortir de l'autoroute A 48 à Rives. Tourner deux fois à gauche après le péage et remonter le long de l'autoroute en suivant la direction Lac de Paladru. Tourner à droite après la trouée de Colombe et par Oyeu, descendre à Charavines. Traverser le village par la rue principale pour aller se garer sur les parkings de la plage.

A l'opposé du lac, traverser la rue des Vannes et remonter celle de Colletière. La rue des Arondières la prolonge et monte en diagonale au-dessus du village. Derrière un coude plus raide, notre chemin part dans l'axe de la route (panneau). Il monte droit vers la Croix des Cochettes dans un bois de châtaigners. Dépasser le chemin qui file à gauche vers le Petit Bilieu. Couvert de galets, humide par endroits et bordé de violettes et de fraisiers sauvages, il reste dans l'axe de la pente. Il se décale légèrement à droite dans un petit creux. Parvenu sur la crête boisée, il se décale encore plus nettement vers la droite et passe sur le versant du lac. Le chemin traverse les châtaigneraies et ne tarde pas à redescendre. Il débouche sur le chemin balisé bleu (pancarte et vue sur le lac) que l'on dévale à gauche vers la Croix des Cochettes (humide). Au bas de la pente, traverser les prés jusqu'à la Croix perchée sur la ligne de crête (banc, panneau-plan, pâquerettes, coucous et pissenlits. Panorama sur le lac).

Descendre à gauche vers le stade de foot de Bilieu (belle ferme en pisé, à droite, au milieu des prés et clocher de Bilieu). Traverser le goudron et descendre dans un chemin (panneau ; balisage orange) en direction du lac. Au milieu des prés et de gros châtaigniers épars, traverser en descendant vers les premières villas du Petit Bilieu. Continuer par la petite route goudronnée jusqu'à la grande route (belles maisons traditionnelles). Traverser et descendre encore puis tourner presque aussitôt à gauche (sens interdit). Au milieu des pommiers rejoindre la route du bord du lac (panneau). La suivre en direction de Charavines et, après 400 m, au niveau de grands pins, filer en contrebas (tables de pique-nique) dans le chemin du bois des Amours qui longe le bord du lac (cygnes et canards). Remonter à la route devant le panneau de Charavines, et rejoindre le parking et la plage.

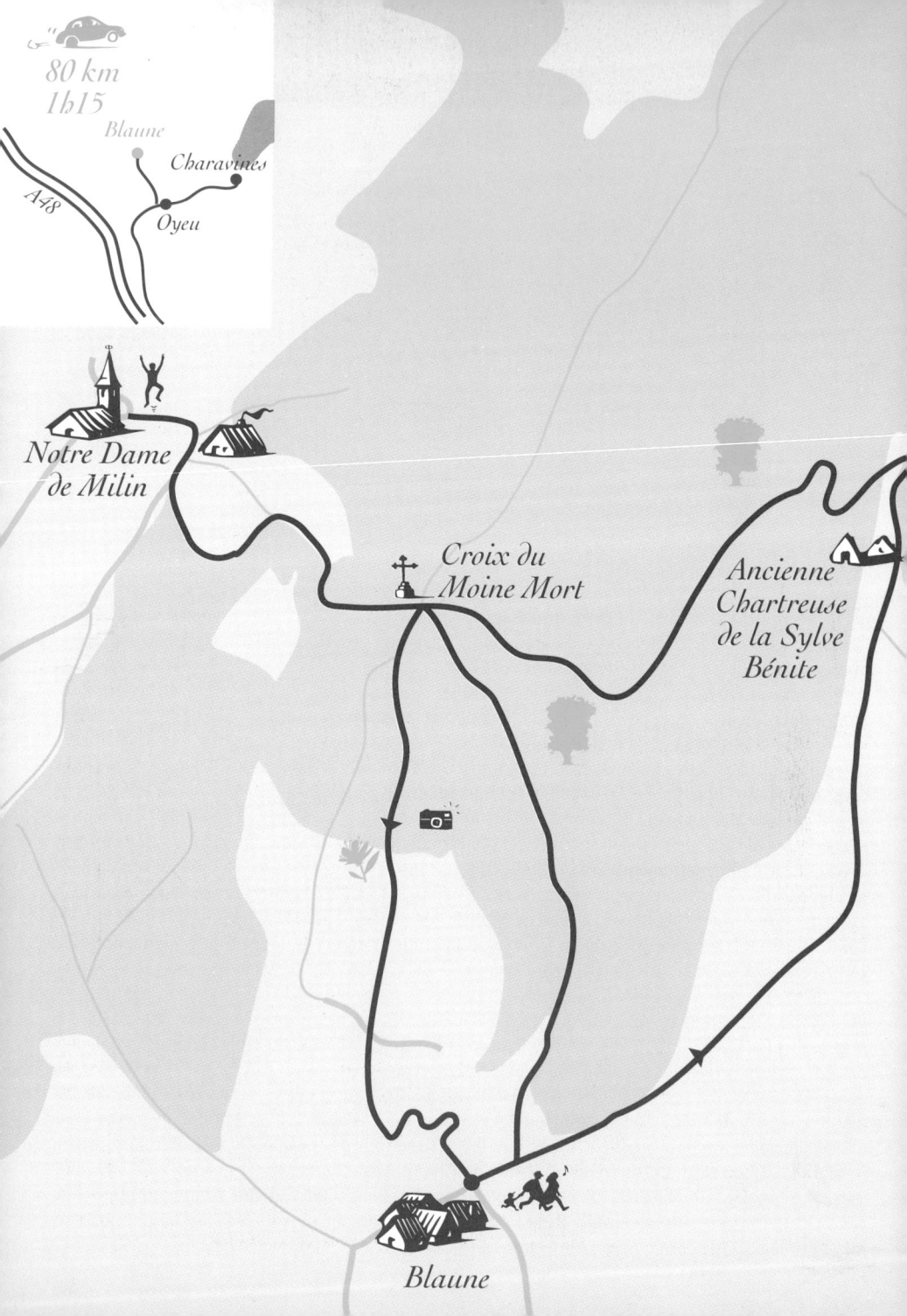

35 - Notre-Dame de Milin

Blaune - 582 m   734 m

3 h 00   rouge

pissenlits   toujours les châtaigniers...

Aux alentours du Château de Virieu et des rives du Lac de Paladru se dessinent les contours d'une randonnée aux accents religieux. En dépassant les restes de la Chartreuse de la Sylve Bénite, nous monterons à la Croix du Moine Mort pour rejoindre le sanctuaire de Notre Dame de Milin.

Sortir de l'autoroute A 48 à Rives. Tourner deux fois à gauche après le péage et remonter le long de l'autoroute en suivant la direction Lac de Paladru. Tourner à droite après la trouée de Colombe. Dans Oyeu, traverser à gauche toute la plaine jusqu'au croisement (croix) de Blaune.

Du carrefour, prendre à droite vers la Sylve Bénite. A la sortie du hameau, continuer tout droit (panneau). Peu après, dans une fourche, prendre à droite. A la borne continuer tout droit. Un peu plus loin, laisser à droite la direction de Charavines et poursuivre vers la Sylve Bénite. A la Sylve, laisser les bâtiments sur la droite et continuer dans l'axe (balisage VTT/rouge) sur un large chemin terreux qui remonte le versant en lacet. Laisser à gauche le chemin qui revient à Blaune. Suivre le balisage rouge. Prendre le suivant à gauche qui s'enfonce sous les arbres. Après un raidillon et un faux plat le chemin descend à couvert. Suivre le balisage rouge vers la droite pour arriver sur la Croix du Moine Mort. Dans ce croisement compliqué, descendre dans l'axe, sur l'autre versant (rouge) en laissant 2 chemins à gauche et 2 à droite. Sortir des sous-bois de châtaigniers et de houx en suivant la direction de Milin. A une exploitation agricole, emprunter la route goudronnée sur 200 m et dans un virage (citerne - rouge) plonger dans un chemin à droite. On arrive à la Chapelle de Notre Dame de Milin.

Remonter, par le même itinéraire, à la Croix du Moine Mort. Prendre le premier chemin à droite, puis 300 m plus loin, tout droit dans la pente en direction du sommet des Montenvers. La grande prairie sommitale piquetée de pissenlits et pâquerettes offre une large vue sur les collines environnantes. Le chemin redescend de l'autre côté et rejoint rapidement la route goudronnée aux premières maisons. Descendre à Blaune.

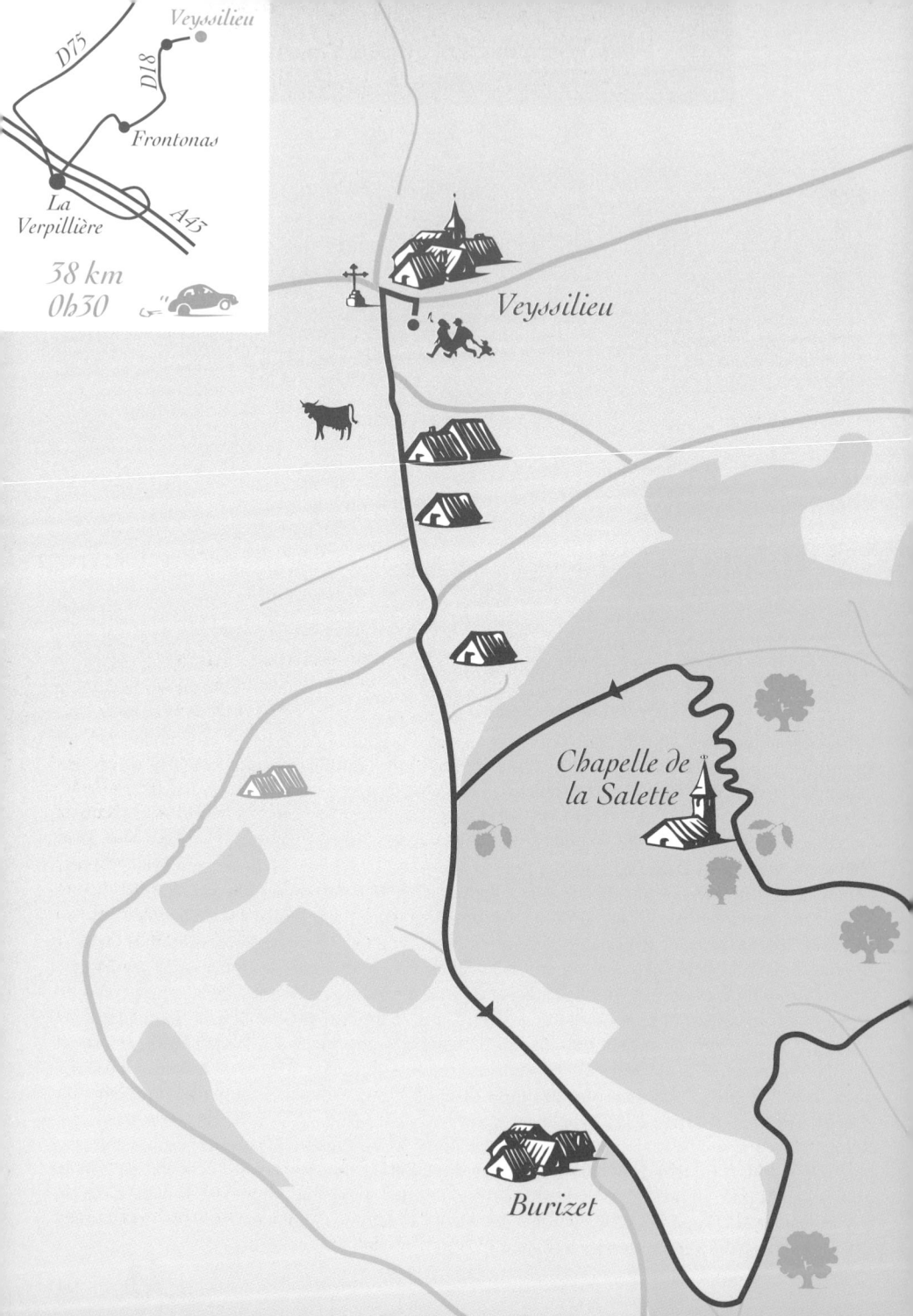

36 - Chapelle du Chatelan
(ou de la Salette)

Veyssilieu - 280 m		396 m
0 h 35	0 h 20	jaune/rouge et bleu (à la montée)
mûres		châtaigniers

La Chapelle du Chatelan n'existe pas, mais son véritable nom - Chapelle de la Salette - était moins caractéristique et aurait prêté à confusion avec le sanctuaire original qui l'inspire. D'ailleurs son modeste clocher est d'une manière originale surmonté de la reproduction de la statue de Notre-Dame du même nom.

Sortir de l'autoroute A 43 à "L'Isle d'Abeau - Villefontaine". Revenir à l'entrée de la Verpillère et tourner à droite en direction de Frontonas. Après Frontonas se diriger vers Panossas et dans ce village tourner à droite en direction de Veyssilieu (D 18a). Se garer sur la place de l'église.

Revenir au croisement marqué d'une croix et d'un puits. Tourner à gauche et descendre tout droit vers le vallon (balisage). Dépasser les tennis et le lavoir. Aussitôt après tourner à droite (direction "ranch") puis 10 m plus loin, reprendre en face dans la montée (balisage). En haut de la côte, la petite route s'achève et laisse la place à une croisée de chemins. Continuer tout droit. Il file vers le Sud, au-dessus des prés, puis vire à gauche et change de versant. Avancer jusqu'aux maisons de Burizet. Là, ne pas descendre par la route, mais continuer dans le chemin qui file en face, sous les arbres. Dans une fourche, prendre le sentier qui monte en courbe vers la gauche. Il retrouve presque aussitôt un bon chemin qui ramène en arrière et attaque le versant de la colline de Chatelan (chênes). Après un passage face à la pente, l'itinéraire revient vers la droite et traverse une coupe claire (balisage). A son extrémité, déboucher sur un croisement où l'on abandonne le balisage rouge/jaune. Monter droit (bleu) jusqu'à la crête. Dans ce nouveau croisement, abandonner définitivement tout balisage et tourner à gauche sous les châtaigniers et les chênes. Déboucher bientôt sur les taillis qui entourent la Chapelle de la Salette. Une sente nous conduit, entre les buissons de mûres, sur la pelouse de la façade (tilleul, campanules bleues).

Descendre par le sentier qui plonge à gauche du muret. En lacets serrés, il dégringole tout le versant. Au pied de la pente, il débouche sur un chemin de traverse. Le suivre vers la gauche. En traversée, il rejoint le croisement du bout de la petite route goudronnée que nous avions empruntée à l'aller. En descendant à droite, revenir à Veyssilieu.

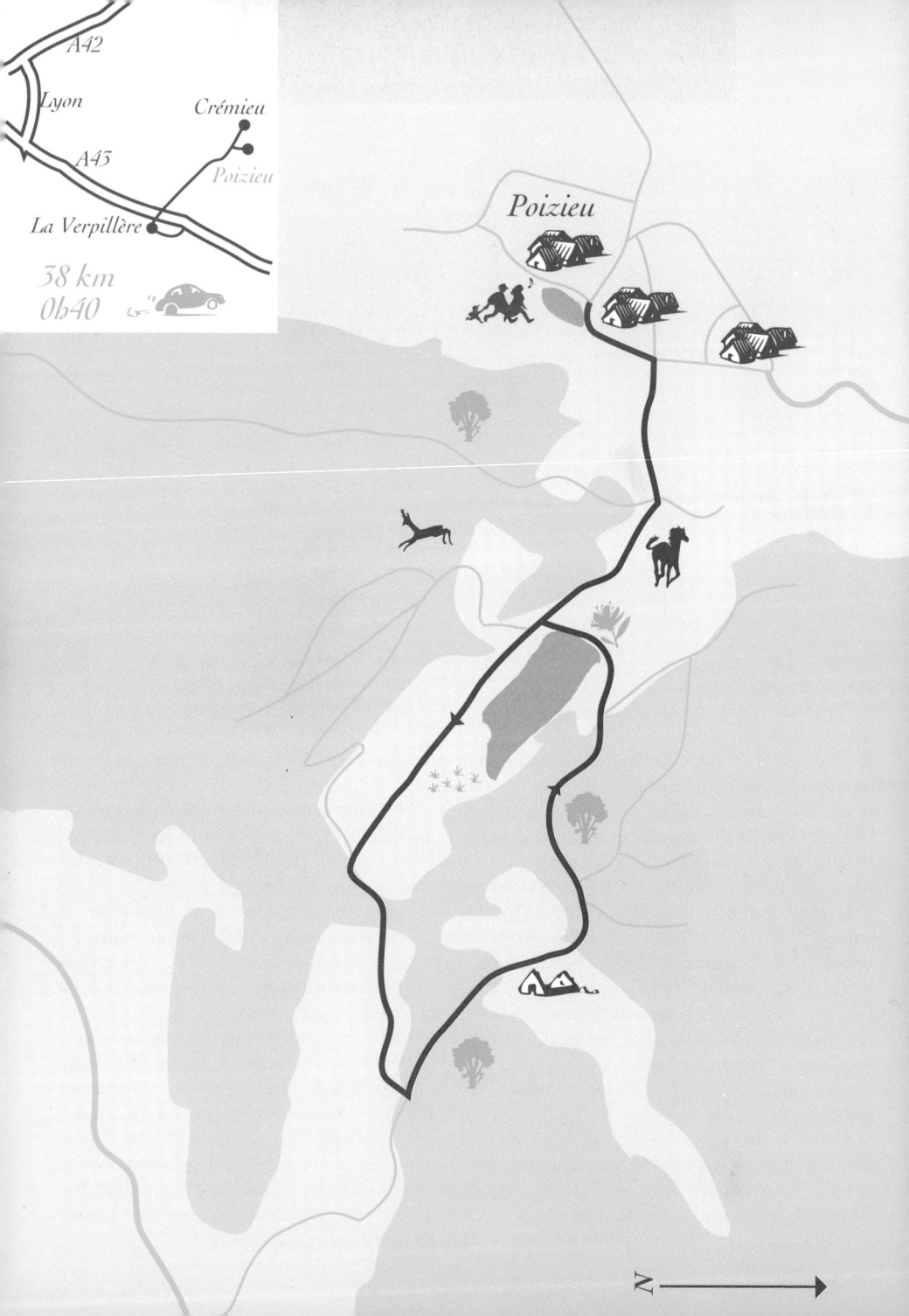

37 - Vallon de Chalignieu

01/05/94

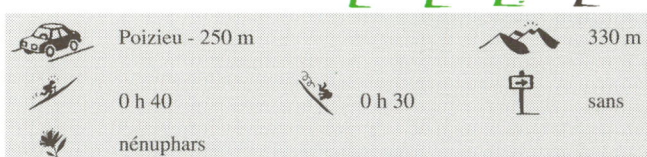

Poizieu - 250 m		330 m	
0 h 40	0 h 30	sans	
nénuphars			

Là, tout près, aux abords de la grande plaine, se camouflent dans un plis, le vallon et l'étang de Chalignieu. Malgré sa modestie, cette boucle pourra vous réserver une rencontre avec les chevaux, chevreuils, grenouilles, libellules et la possibilité d'admirer des nénuphars...

Sortir de Lyon par l'autoroute A 43. L'abandonner à L'Isle d'Abeau-Ouest. Par la D 75, suivre la direction de Crémieu. 5 km après Chamagnieu, tourner à droite en direction de Chozeau. Après 800 m, bifurquer à gauche vers Poizieu. Continuer droit et monter jusqu'à la Place de la Lessive (panneaux municipaux ; étang). S'y garer.

Continuer sur la rue de Villeneuve qui tourne à gauche après la place. Après 100 m, monter à droite dans le chemin goudronné (panneau sens interdit. Noyers). Il rentre dans le vallon par un' faux plat montant. En chemin de terre il rejoint bientôt la retenue de l'étang de Chalignieu (chevaux ; nénuphars et grenouilles sur l'étang).

Prendre le chemin carrossable, entre marais et cultures, qui conduit au fond du vallon. Là, il monte en diagonale à gauche entre deux petits murets de pierres sèches. Lorsqu'on semble presque parvenu en haut de la montée, juste après un virage à gauche bien marqué, abandonner le bon chemin et suivre à gauche un petit chemin de champ qui revient sur l'autre versant du vallon (bleu/blanc). La vue se dégage sur l'Etang de Chalignieu et la plaine lyonnaise. Au sortir d'un petit bois, déboucher sur le champ de Bel-Air signalé par une ruine. Passer sous la ferme et, en lisière opposée, suivre le chemin de plus grande pente qui rentre sous bois. Il ignore tous les itinéraires qui filent vers la droite et il s'en va directement rejoindre la retenue du marais (nénuphars). La traverser. A droite, par l'itinéraire de l'aller rejoindre les voitures.

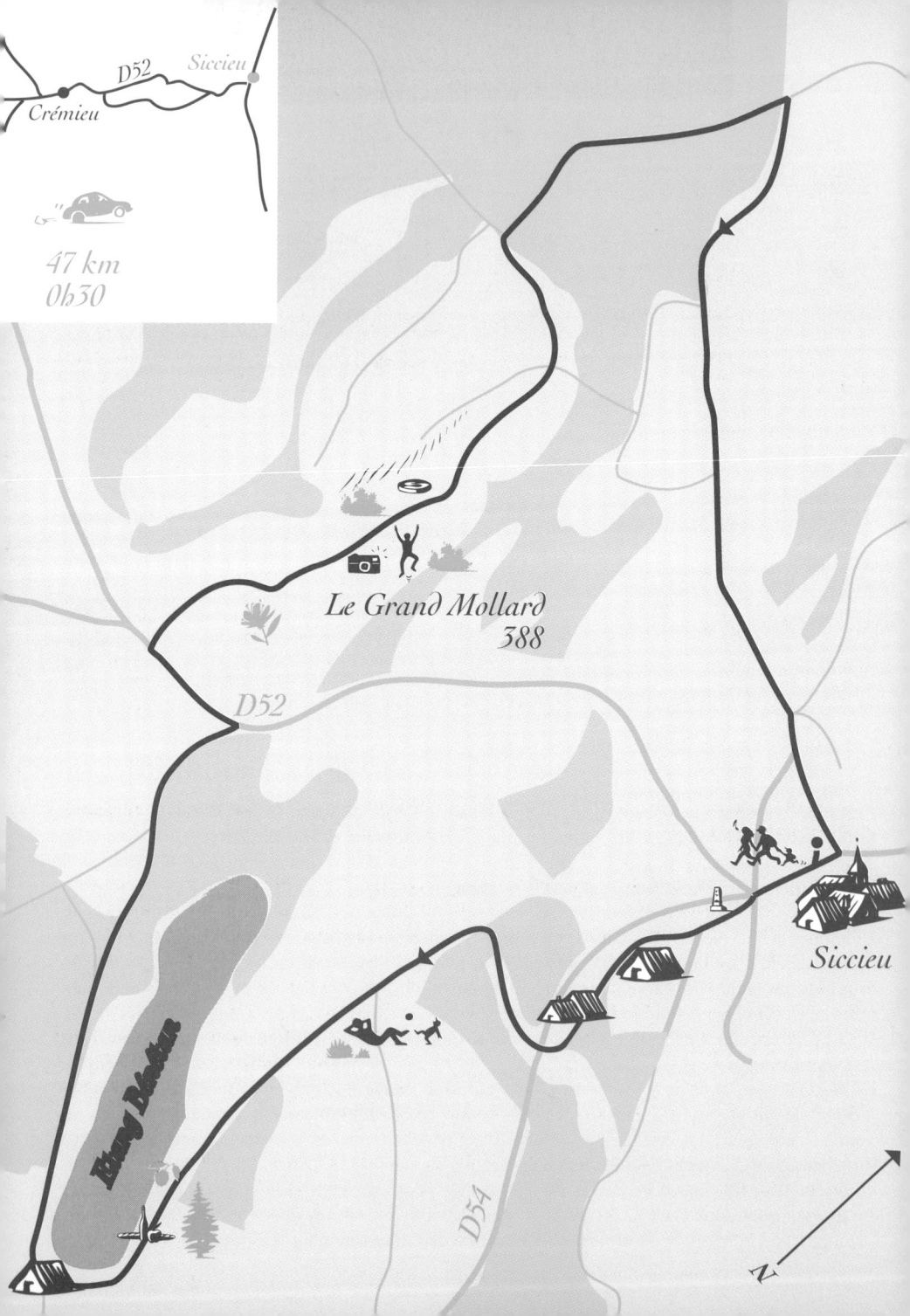

38 - Le Grand Mollard

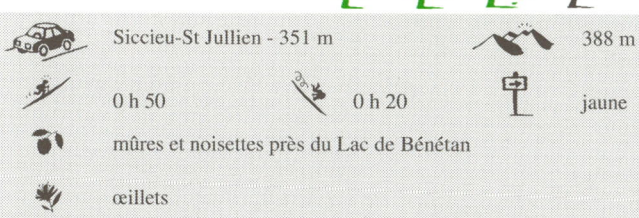

Siccieu-St Jullien - 351 m   388 m

0 h 50   0 h 20   jaune

mûres et noisettes près du Lac de Bénétan

œillets

Notre petite promenade s'engage au départ de Siccieu, village perché au cœur du plateau de l'Isle Crémieu. Les rives du Lac de Bénétan invitent au délassement sur ce circuit bien aménagé.

Traverser Crémieu et prendre la D 52 en direction de Siccieu et Optevoz. Rentrer dans Siccieu et se garer en face de l'église.

Revenir vers la sortie Sud du village et son monument aux morts. Prendre tout droit la petite route qui passe à gauche du monument. Après 100 m descendre à droite dans un chemin balisé jaune. Il descend et traverse quelques villas avant de rejoindre, par un coude à droite, la D 54. Traverser la route et rentrer sous bois (chênes et noisetiers) par un bon chemin qui tourne progressivement vers la gauche. Traverser de petits prés (aire de pique-nique) avant de rejoindre par le flanc, la rive gauche de l'étang Bénétan (aire de pique-nique ; mûres). Traverser le barrage du lac. Tourner à droite derrière la maisonnette et remonter un chemin enfermé sous bois. En haut de la montée, rester calé sur le chemin de droite qui rejoint directement la D 52. Suivre la route à gauche sur 150 m. Monter la piste de terre qui rejoint le sommet du Grand Mollard, ponctué d'un réservoir en béton (œillets ; balisage jaune).

Redescendre en face. Au pied de la descente, remonter en face un instant avant que le chemin ne s'incline vers la droite. Il rentre bientôt sous bois et entame une belle descente. A son pied en lisière tourner à droite vers le terrain de foot. Par la petite route, rejoindre rapidement le village et l'église de Siccieu.

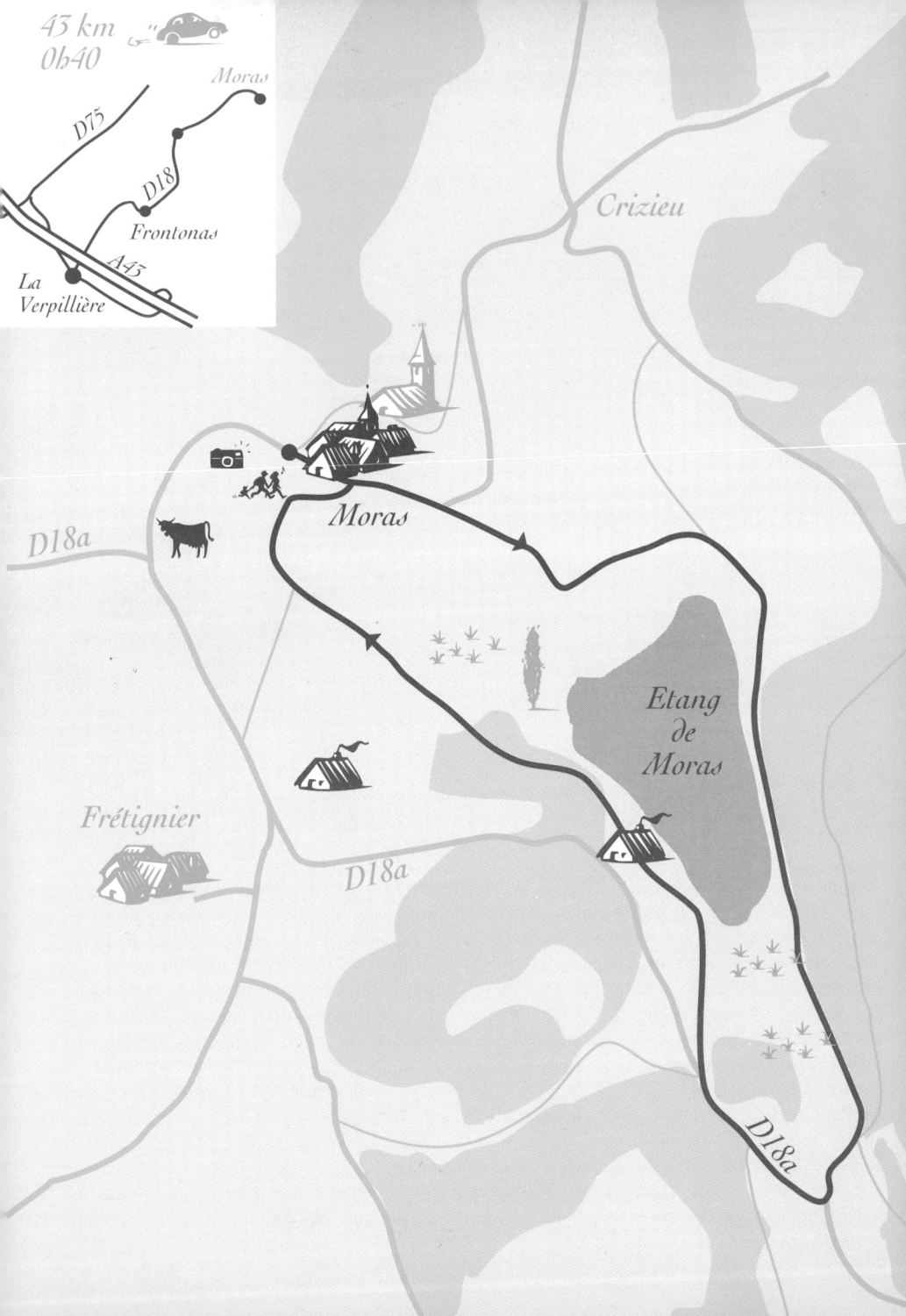

39 - L'Etang de Moras

	Moras - 355 m		304 m
🚶	1 h 15		jaune/rouge sur une courte section

C'est de l'entrée du village lorsqu'on arrive par Veyssilieu, que la perspective sur le site de l'Etang de Moras est la plus belle. Taillé comme un lac et encadré de collines, il est vrai qu'aucune base nautique ne vient altérer le plan d'eau. Un petit passage aléatoire et humide avant la remontée sous le village nécessite d'être bien chaussé.

Sortir de l'autoroute A43 à la Verpillière. Traverser Frontonas et rejoindre Moras par la D18. Entrer dans Moras et se garer aussitôt à gauche, sur le parking de l'église

Traverser le village jusqu'au panneau marquant la sortie. Un chemin descend à droite en plein champ ; la vue domine tout l'étang. Au pied du raidillon, devant les grilles, le chemin tire à gauche. Il traverse à plat quelques prés, puis en sentier coupe un banc de joncs. Le chemin se reforme de l'autre côté et, par la droite, retrouve le grand chemin couvert du "Tour de l'Isle Crémieu" (jaune/rouge). Il faut le suivre à droite. En légère descente il longe les joncs qui bordent toute la rive droite de l'étang. A l'approche du déversoir, il dépasse un premier chemin descendant de la gauche (panneau) puis rejoint la route goudronnée de Pétillieux à Moras, devant le pont. Traverser le pont et remonter la route vers Moras. Dépasser un premier croisement balisé et abandonner la route pour un petit chemin goudronné au début, qui se dirige vers le lac. Il longe les champs et contourne, par le haut, l'enceinte de la charmante maison du lac. En petite montée il rentre sous bois, le traverse et n'en ressort qu'après la fourche dont il emprunte la branche inférieure. Le chemin se mue en sentier humide et herbeux. Après un court passage un peu désagréable au niveau de grands peupliers, le chemin parfois boueux, se reforme. Dans le fond du vallon, juste sous le village, il tourne à droite dans un nouveau chemin de traverse. Ce dernier remonte sèchement le long du mur jusqu'au petit parking de l'entrée du château. Revenir à gauche vers l'église.

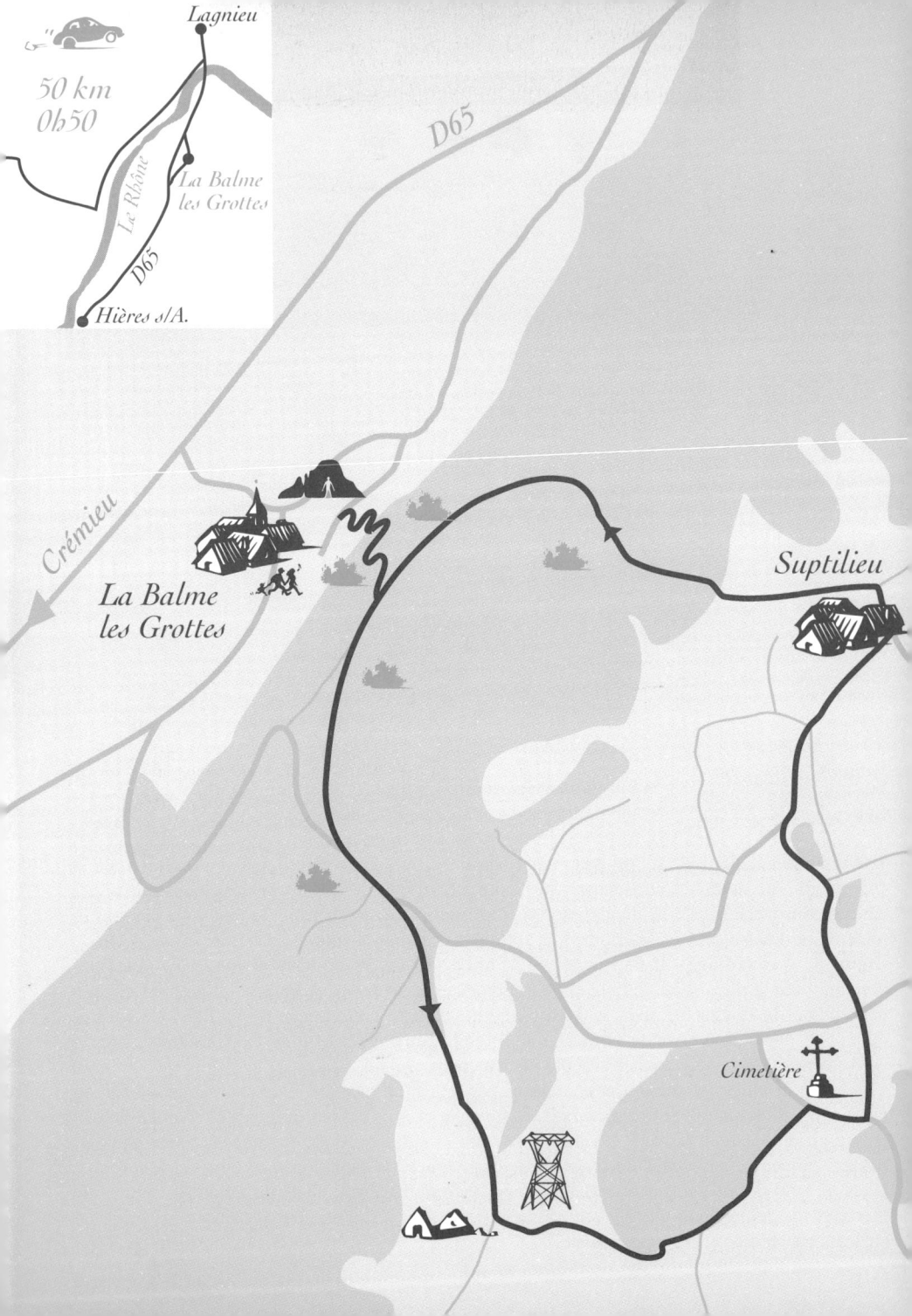

40 - Les Grottes de la Balme

 La Balme les Grottes - 210 m   360 m

 4 h 50   rouge/jaune
(début et fin du parcours)

  Grottes de la Balme (visites tous les dimanches sauf janvier)

 buis abondants parfois embarrassants dans la montée.

Ce petit circuit, qui monte vers Parmilieu complète une journée consacrée à la visite des Grottes de la Balme. La légende de Mandrin n'est pas pour rien dans la notoriété de cette Merveille du Dauphiné.

De Hières sur Amby, gagner La Balme les grottes par la D65. Se garer sur le parking.

Du parking de la grotte, avancer, dépasser le porche et s'engager dans la ruelle qui jouxte le versant. Après une centaine de mètres, monter un escalier de pierre qui attaque en retrait (balisage rouge/jaune). Le sentier monte en lacet au milieu des buis. Un peu encombré, il débouche sur un chemin de traverse après que le relief se soit montré moins raide. Filer à droite. Le chemin traverse vers l'Ouest en faux plat descendant. Prendre à gauche dans une fourche puis déboucher sur la route qui monte à Parmilieu. Abandonner le balisage de Tour de Pays et remonter la route. Après 300 m, partir droit dans un virage pour s'engager dans une belle allée. Elle file à plat vers des prés au milieu d'une conque du plateau. Après avoir dépassé une ligne à haute tension (ruine, carcasse de tracteur), quitter la route caillouteuse pour un chemin herbeux qui monte à gauche. On longe un moment une clôture avant d'entrer dans un petit bois. Négocier un coude à gauche et déboucher dans un chemin caillouteux. Tourner à gauche vers le cimetière et la route. Là, prendre à droite pour contourner le cimetière. On quitte la route à gauche dans une allée herbeuse bordée de dalles calcaires (panneau orange). Déboucher sur la route de Rochechin. Continuer tout droit : un nouveau chemin poursuit vers le Nord. Dans un carrefour, malgré le panneau, monter à gauche. Un raidillon nous débarque sur une nouvelle route que l'on va redescendre à droite jusqu'à l'entrée du hameau de Suptilieu. Remonter aux premières maisons, tourner à gauche une première puis une deuxième fois. Après les dernières maisons, le chemin va rentrer sous bois par la droite puis replonge en petit sentier dans une combe boisée orientée à l'Ouest (balisage jaune/rouge). Le sentier s'améliore. Il tourne vers la gauche. On retrouve le poteau en bois qui marque l'amorce du sentier de la montée. L'emprunter et redescendre au parking de la grotte.

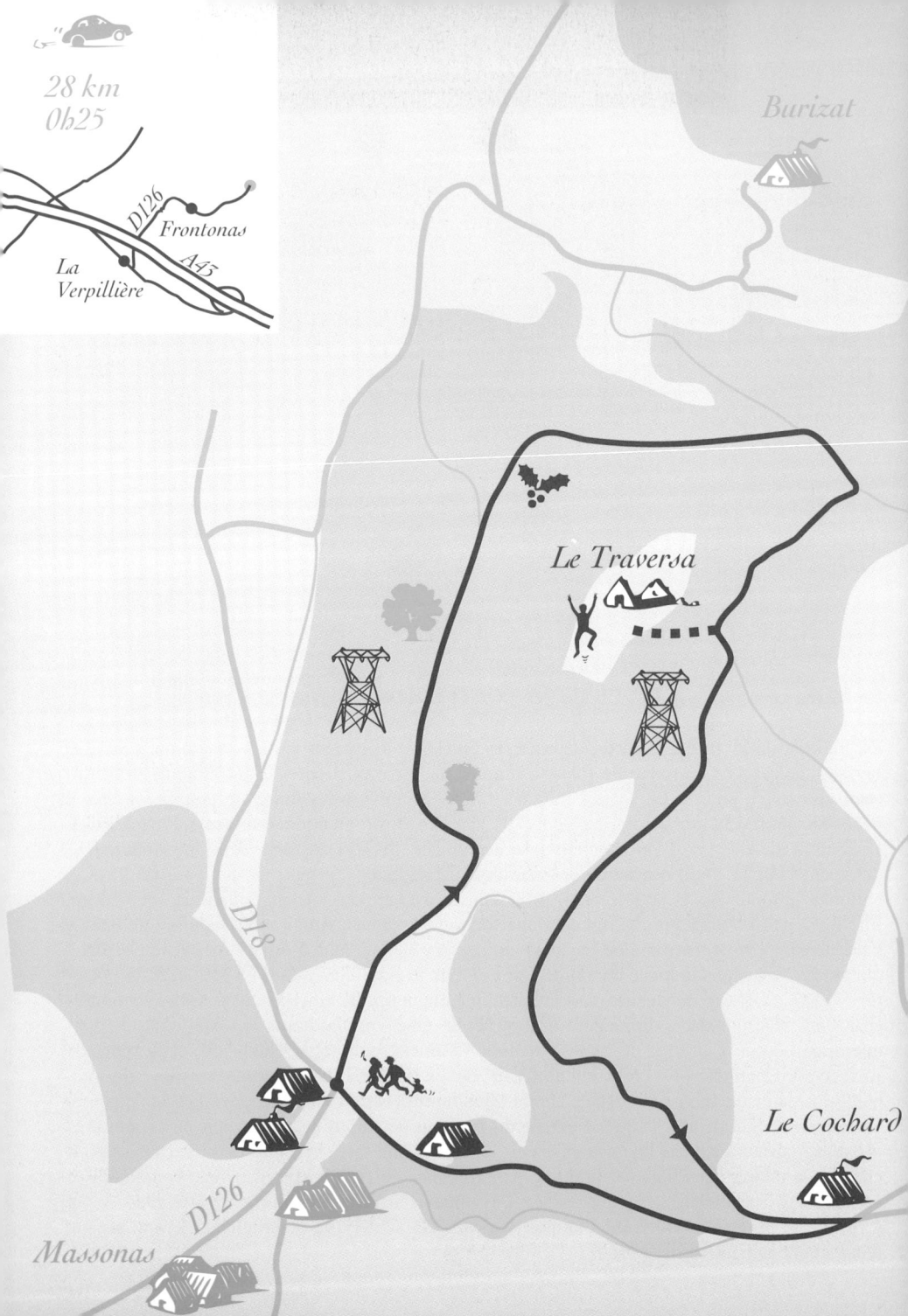

41 - Le Traversa

 Massonas
(carrefour D 126 et D 18) - 267 m

 403 m

1 h 15 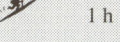 1 h 00   rouge/jaune au début

houx en versant nord.

Voici une petite boucle autour de la colline du Traversa. A portée de fusil des banlieux Est de l'agglomération, l'itinéraire profite de l'ombrage des chênes et des châtaigniers. Soyez attentifs aux bifurcations.

De la sortie de l'Isle d'Abeau-La Verpillière sur l'autoroute A 43, prendre la direction de Frontonas, puis de Massonas par la D 126. Traverser le hameau jusqu'au croisement avec la D 18, 800 m plus loin. Se garer latéralement sans difficulté.

Prendre dans l'axe le bon chemin (rouge/blanc) qui remonte le vallon plein champ. Il dépasse un rucher et une dernière maison et se poursuit en lisière. Le chemin tourne ensuite à gauche et entre sous bois. On délaisse successivement à gauche et à droite deux petits chemins. Passer sous une ligne à haute tension. Continuer sous les châtaigners, chênes et houx. Le chemin descend un peu jusqu'à une fourche inversée caractéristique. Filer devant et à droite (jaune/rouge). Continuer dans l'axe à une fourche similaire et ceinturer ainsi la colline. On remonte un léger faux plat jusqu'à un bon chemin qui nous coupe la route. Tourner à droite et abandonner ainsi le balisage jaune/rouge. Le chemin remonte plein Ouest jusqu'à une grande coupe d'où l'on aperçoit la ligne H.T.
En approchant de la prairie de Traversa, déboucher sur un plus grand chemin. Tourner à gauche sur 30 m puis l'abandonner pour un petit chemin qui s'enfonce à droite et à rebours. Il descend et passe sous la ligne de haute tension. Le chemin se fait envahir par les ronces. Il traverse et tourne bientôt vers le Sud-Est pour s'en aller rejoindre la D 18 près de la ferme du Cognard. En 1 km par la route à droite, retrouver vos voitures.

Hières sur Amby

Le Rhône
Hières s/Amby
Crémieu
40 km 0h40

Gorges du Val d'Amby

Site Archéologique de Larina

Chatelans

42 - Boucle de Larina

 Hières-sur-Amby - 215 m   425 m

 2 h 30   jaune/rouge
sur la majorité du parcours

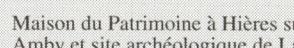 Maison du Patrimoine à Hières sur Amby et site archéologique de Larina.   mûres

Posté devant le monument de la vierge, vous aurez, d'un coup d'œil circulaire, un formidable raccourci du temps. Alors que dans votre dos les fouilles de Larina racontent nos ancêtres (les Gaulois, bien sûr), à vos pieds les formidables tours de béton de la centrale du Bugey écrasent les toitures traditionnelles du vieux village d'Hières.

Rejoindre Crémieu par l'autoroute de Grenoble que l'on quitte à l'Isle d'Abeau-Ouest pour emprunter ensuite la D 75. Traverser Crémieu et poursuivre le long du Rhône jusqu'au niveau de la centrale du Bugey où l'on décroche à droite pour rentrer dans Hières-sur-Amby. Se garer près de l'église.

Avancer dans la rue en direction d'Optevoz. 300 m plus loin tourner à droite dans une petite rue, bordée d'un petit canal, qui file vers les falaises (balisage bleu clair et rouge/jaune). Au pied du plateau, laisser filer le chemin et monter plutôt le sentier caillouteux qui tourne presque aussitôt vers la gauche. Il monte en diagonale et on ne tarde pas à voir surgir, par-dessus les toitures du vieux village, les grandes tours de refroidissement de la centrale nucléaire. Passer sous un pilier rocheux et prendre pied sur le premier étage du plateau. Le sentier monte alors face au monument de la vierge, perché sur la falaise supérieure. Il s'enfonce sous les buis et s'écarte peu à peu vers la gauche pour rejoindre le site de Larina. Tourner à droite vers le monument. Notre itinéraire contourne le site par la droite et longe la falaise vers l'Ouest par un simple sentier. Entre-temps, vous en aurez profité pour visiter le site archéologique dont les vestiges préhistoriques et mérovingiens sont admirablement mis en valeur. Notre sentier file vers le Sud-Ouest, calé à quelques mètres du vide. On ne s'engagera pas sur les petites sentes qui, à l'occasion, semblent cheminer à droite entre les rochers. Descendre dans une petite combe cultivée (balisage jaune/rouge ; un passage protégé par une rambarde). Remonter sous les buis et les chênes en tirant vers la gauche. Passer le sommet découvert (clôture ; borne). Après une bifurcation où l'on continue à gauche (balisage croix jaune) la trace se réduit. Elle descend entre deux haies de mûres au milieu des champs. Après un croisement de chemins, remonter une butte dégagée (très belle vue - non balisé). Descendre à gauche par un chemin qui file vers le Sud-Est. Il rejoint un meilleur chemin qui l'amène sur une petite route (sans balisage). Tourner à gauche sur cette route et, après 300 m, s'enfoncer dans un bon chemin qui repart vers la droite. Le chemin bute sur un champ qu'il longe par la lisière de gauche. Le chemin se reforme. Il n'est progressivement plus qu'un simple sentier lorsqu'il descend vers la gauche. Après une épingle il revient en direction de Chatelans, longe une clôture, puis la traverse au bout du pré. Par un bon chemin, déboucher sur la route du site de Larina.

Traverser la route et emprunter en face le grand chemin balisé (jaune/rouge) qui mène à des carrières. Toujours large et bien balisé, il traverse horizontalement sous les rochers jusqu'à une ultime carrière (2,5 km depuis la route). Là, on peut continuer droit par un sentier non balisé qui descend en diagonale jusqu'au débouché des Gorges d'Amby. Nous préférerons remonter entre les blocs en suivant le balisage qui rentre sous bois en haut et à droite de la carrière. Le sentier bien entretenu remonte jusqu'à la Fontaine de la Vie, puis se prolonge jusqu'au site de Larina. Là, à droite par le sentier balisé de montée, redescendre au village.

Du Bugey à la Dombes

	Temps de marche aller-retour
Le Bugey	
43 - Tour de Saint Denis	1 h 00
44 - Mont de Cordon	1 h 20
45 - Le Crêt d'Ordonnaz	1 h 55
46 - Croix de Saint Clair	2 h 00
47 - Buisson Violet	2 h 00
48 - Montagne de Colloverge	2 h 15
49 - Traversée de la Cha	3 h 00
La Dombes	
50 - Circuit des Chênes	1 h 30
51 - Les Etangs de Joyeux	2 h 30
52 - Les Onze Etangs	3 h 00

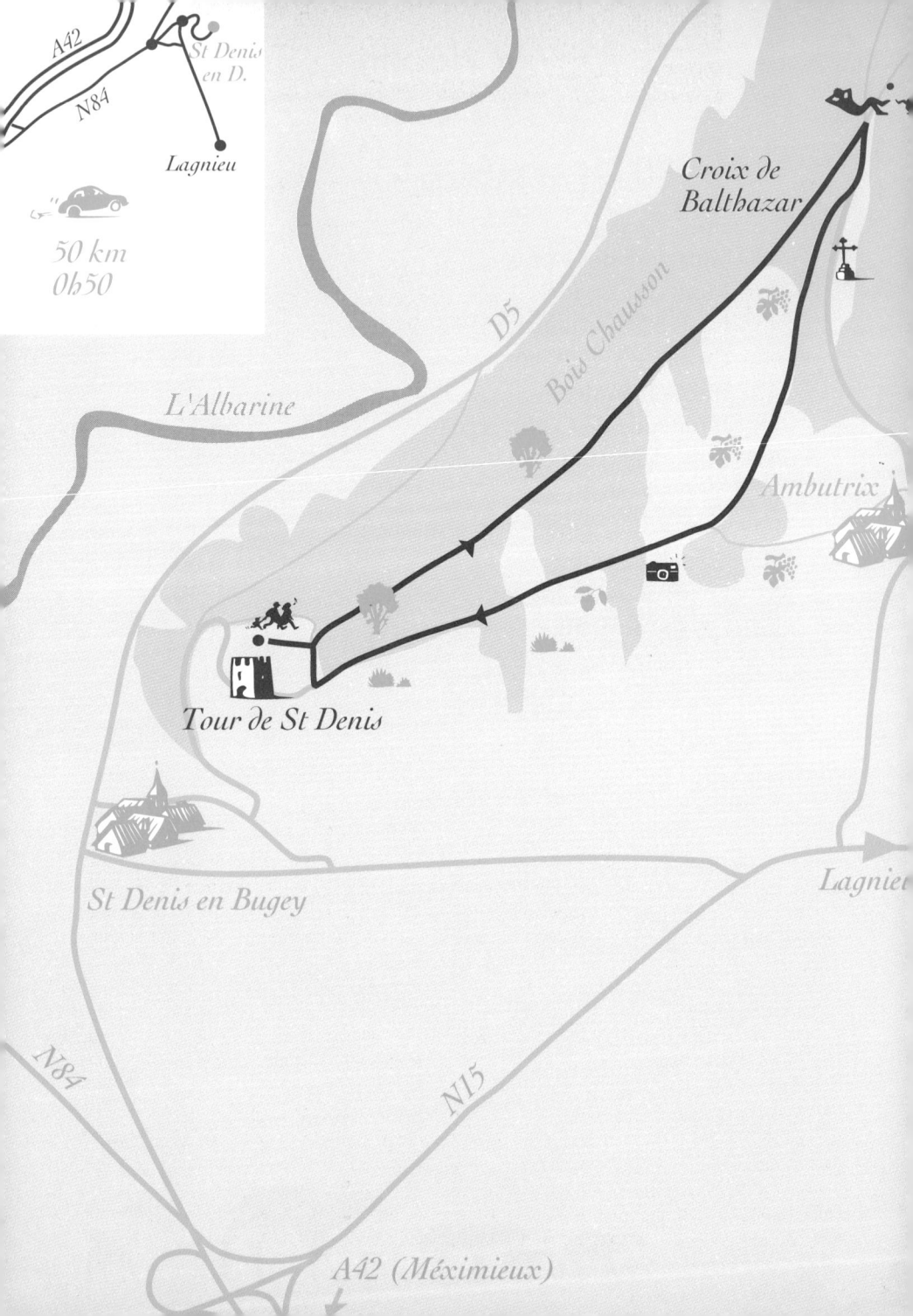

43 - La Tour de Saint Denis

 Tour de Saint Denis en Bugey - 330 m

0 h 30

 Croix de Balthazar - 345 m

 0 h 30

GR à l'aller

noyers

La Tour de Saint Denis garde la porte du Bugey et domine la cluse de l'Albarine. A mi-parcours du circuit, la clairière de la Croix Balthazar sera propice à une pause détente.

Sortir de Lyon par l'autoroute A 42, que l'on quitte à la bretelle de Meximieux. Prendre la direction de St Denis en Bugey, rentrer dans le centre et tourner à droite derrière l'église. Monter en direction de la Tour de St Denis. Après une porte, traverser le pont SNCF, et remonter la colline. La petite route aborde la tour en la contournant par la droite. Se garer devant la tour.

Redescendre une centaine de mètres sur la route et prendre en face le chemin balisé GR (panneau). Il remonte et traverse en faux plat vers le Sud-Est, au milieu des acacias. Dépasser quelques pièces de vignes, inclinées vers la vallée du Rhône. Toujours tout droit, le chemin tombe sur une petite route, au beau milieu d'une agréable clairière : c'est la Croix de Balthazar.

Tournez à droite mais ne descendez pas tout à fait jusqu'à la croix de pierre qui marque le pied de la prairie. Après 50 m, remontez sur le bon chemin (non balisé) qui sort bientôt des bois. Reprenant la direction de la Tour de St Denis, le chemin passe au pied des parcelles de vignes, des noyers et des cerisiers, la vue largement découverte sur le confluent lointain du Rhône et de l'Ain. Continuer tranquillement jusqu'à la route de la Tour de St Denis, 100 m en contrebas de l'itinéraire aller. Remonter à droite, et par la route rejoindre le pied de la tour.

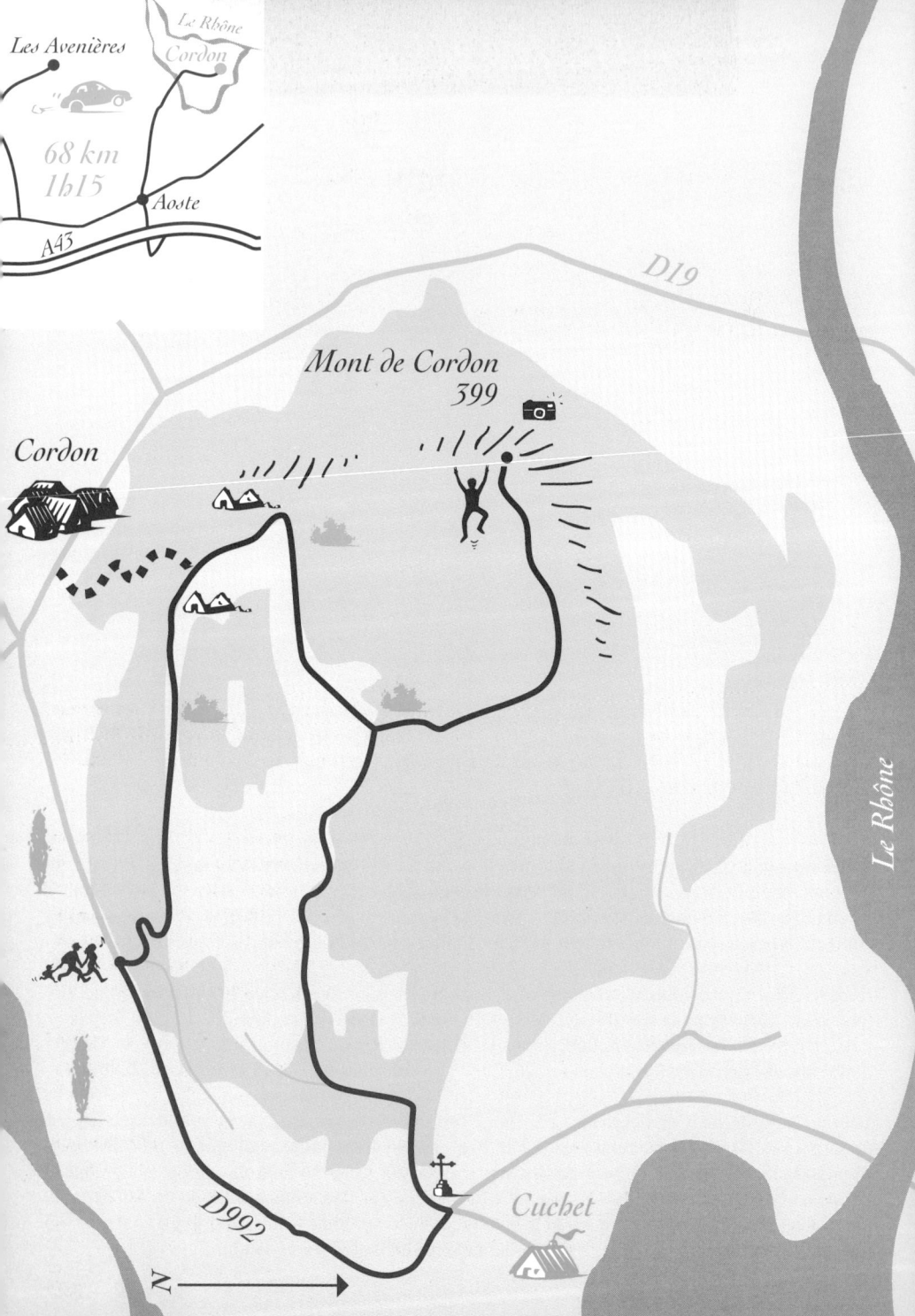

44 - Mont de Cordon

 D 992, après Cordon   399 m

0 h 50   0 h 30   sans

Lorsque le Rhône contourne par le Sud la chaîne du Bugey, il a décidé de ceinturer le Mont de Cordon ; la fatigue peut-être... Il était donc trop tentant de jouer au Robinson sur son île, même si cette ascension est assez loin de Lyon. Le belvédère aménagé du sommet du Mont est à la hauteur de notre attente, directement ouvert sur la jonction des bras du fleuve, en aval de l'île.

Sortir de l'autoroute de Chambéry à Aoste. Continuer en direction de St Didier. Traverser le bras mort du Rhône et tourner à droite vers Cordon. Dépasser le hameau et suivre la D 992 qui contourne le Mont par l'Est. Le départ se situe dans la ligne droite, 700 m après le village. Se garer sur les bas-côtés.

Un chemin, goudronné sur 30 m, monte plein pot à gauche de la route. Avant d'accomplir sa grande traversée vers l'Ouest, il effectue deux ou trois lacets en négligeant des chemins de moindre importance. Cette diagonale vers la gauche domine les arbres mais est par endroits passablement envahie par la végétation. Ainsi, après avoir dépassé une ruine, un sentier montant directement de Cordon rejoint notre transversale (variante possible de départ). Le sentier poursuit sa montée diagonale vers l'Ouest, croisant de nouvelles ruines et traversant des dalles (buis, bleuets, bruyère). Le sentier tourne alors et revient plein Est. Il débouche dans une petite clairière où se présente un carrefour (panneau "le Mont, Cordon, Cuchet").
Prendre à gauche le chemin qui rentre dans les buis. De plus en plus couvert il va du Nord vers le Nord-Est. Enfin, après une petite cuvette, le sentier grimpe un raidillon qui débouche brutalement sur le point de vue sommital, très bien équipé de rambardes (falaise, vue sur le fleuve).
Revenir au croisement de la petite clairière. Là, prendre sur la gauche la direction du Cuchet. Un bon chemin, entrelacé de traces, nous redescend à découvert au pied du Mont. Laisser revenir à droite un chemin de champ et continuer plutôt à virer vers la gauche. Le chemin se mue en route goudronnée avant de retrouver la départementale devant la croix et l'allée du Cuchet.
Par la route à droite retrouver les voitures 1,5 km plus loin.

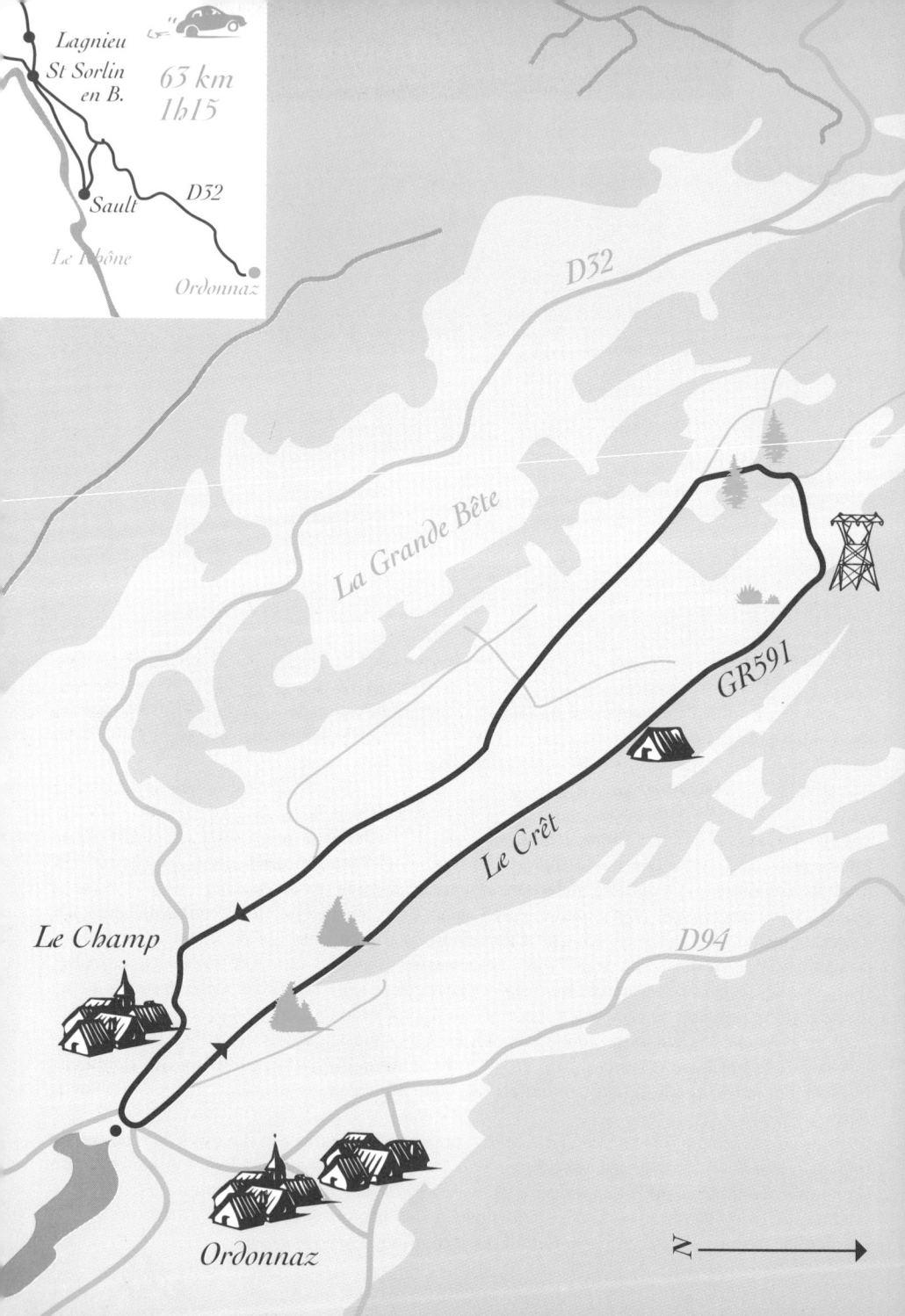

45 - Le Crêt d'Ordonnaz

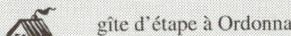

Ordonnaz (entrée) - 850 m		976 m
0 h 35	1 h 20	GR partiel
gîte d'étape à Ordonnaz		

Enfoncez-vous dans les plissements du Bugey occidental et dépassez la Chartreuse de Portes : une randonnée montagnarde vous attend. Au départ d'Ordonnaz, la traversée du Crêt domine la vallée de l'Albarine et découvre les confins du Jura et des Préalpes du nord.

Sortir de l'autoroute A 42 à Meximieux puis emprunter la D 40 jusqu'à Port Lagnieu. Prolonger jusqu'à St Sorlin et Sault-Brénaz. Monter à gauche dans le massif par la D 99. Passer à la Chartreuse de Portes avant de descendre à Ordonnaz. Se garer avant l'entrée du village, au croisement remarquable entre la D 32 et la D 94, qui jalonne le pied du plissement du Crêt.

Un chemin monte immédiatement à gauche du croisement (panneau). Après 100 m, dans une fourche, prenez la branche de gauche qui va rejoindre la ligne de crête par un petit raidillon. Traverser un petit portail et monter droit sur un petit sentier qui tient la ligne de crête. Dans l'herbe rase et parsemée de genévriers, on atteint le faîte sans tarder et notre marche sera désormais horizontale, la vue dégagée sur le lointain Nord-Est. A intervalles réguliers, de longs passages de cailloux blancs bordés de clôtures (balisage GR) succèdent aux pelouses. Au bout d'une légère descente atteindre un pylône haute tension remarquable.

En suivant le GR, descendre en diagonale à gauche jusqu'au fond du vallon. Après un portail le chemin débouche sur un croisement de routes et chemins.

Remonter, en face, la route caillouteuse qui longe le bois de sapins. Elle serpente près de quelques ruches et tire progressivement vers l'Est, en direction de notre point de départ. Désormais toute droite, la route va parcourir tout le fond du vallon, avec le Crêt sur la gauche. Dès qu'on retrouve le goudron, il est possible :
- soit de rentrer ainsi directement à Ordonnaz en rejoignant la D 32.
- soit de faire un crochet par le chemin qui à droite monte à la lisière des bois, les longe vers l'Est puis replonge à gauche pour retrouver la petite route goudronnée avant qu'elle ne dépasse les premières fermes et ne débouche sur la D 32.

Par la départementale, à gauche, rejoindre les voitures et Ordonnaz.

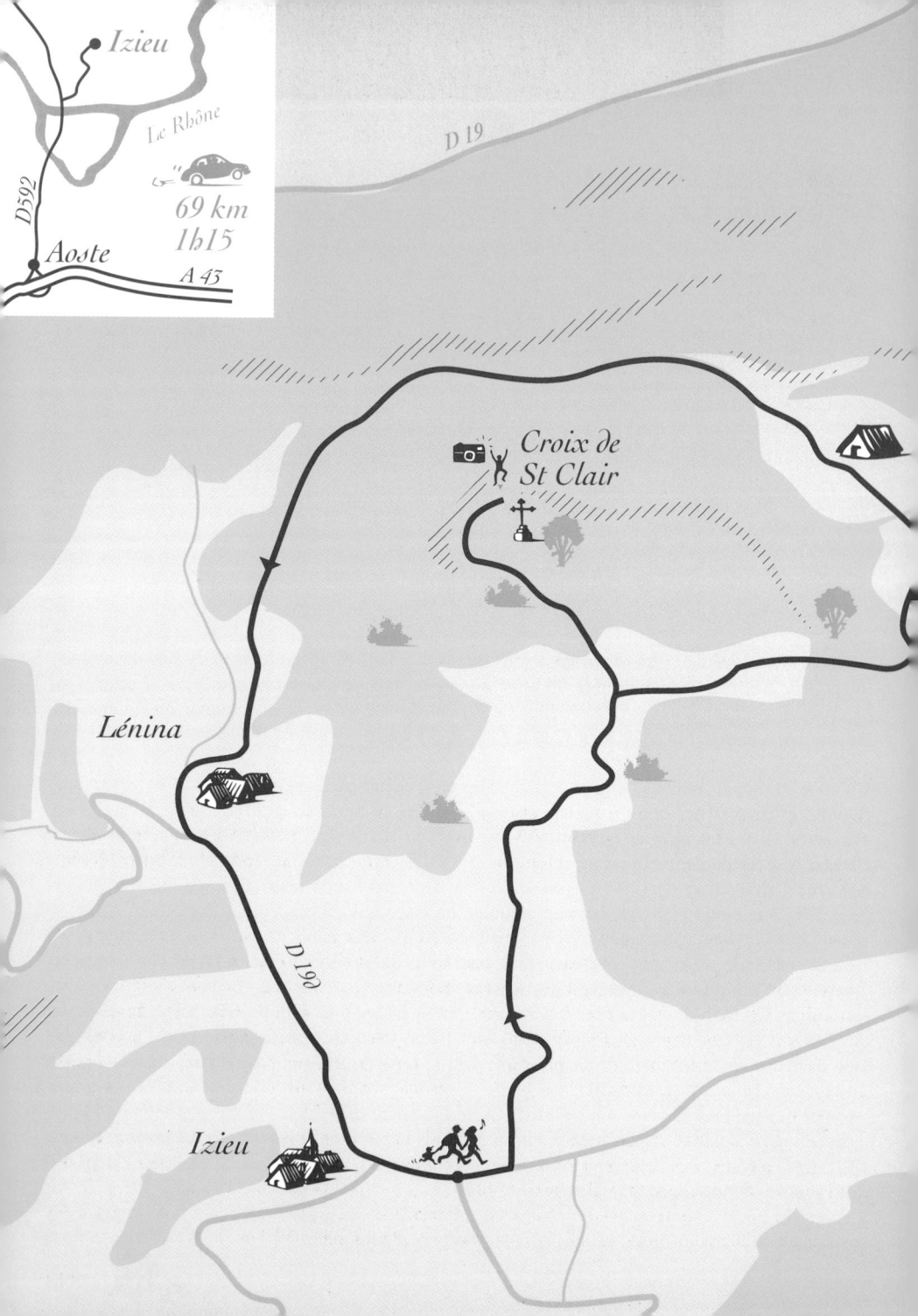

46 - Croix de Saint Clair

Izieu - 388 m		549 m	
0 h 35	1 h 25	sans	

près de la route, à Glandieu

Le belvédère de la croix est unique en raison de sa position surplombante sur les îles du Rhône et le Mont de Cordon.

Quitter Lyon par la A 43 et sortir à "Aoste". Traverser ce bourg et, par la D 592 puis la D 19 se diriger vers le Rhône et le traverser. Au carrefour de la Bruyère, prendre à droite, puis tout de suite à gauche la petite route qui monte à Izieu. Se garer au mieux, près de l'église située à l'entrée du hameau.

Rentrer dans le hameau et prendre à gauche devant un calvaire. 200 m plus loin, une toute petite route monte à gauche dans le versant (panneau "la Croix St Clair 50 mn"). Elle s'élève en petits lacets pour s'achever dans une épingle (panneau). Poursuivre désormais dans un chemin de terre au milieu des buis et des frênes. Parvenu devant la butte sommitale boisée, aller chercher en face le chemin qui, en diagonale vers la gauche, mène jusqu'à un pré enclavé. Le traverser sur sa longueur. A l'angle opposé, un petit sentier communique avec un second pré plus petit. Continuer de le suivre. En bord de crête, il remonte directement à la grande croix (large panorama).
Par le même itinéraire, redescendre jusqu'au pied du chemin diagonal. Là, dans ce petit col, plonger à gauche dans une petite combe. Le chemin traverse ensuite un grand pré et vire peu après au Sud-Ouest (gauche). Il tourne au Sud progressivement ceinturant ainsi le Mont Saint-Clair. Une petite route succède au chemin et passe un peu plus loin, en chicane entre les bâtiments de Lélina. Rejoindre la D 19 (croix) et par elle remonter à Izieu.

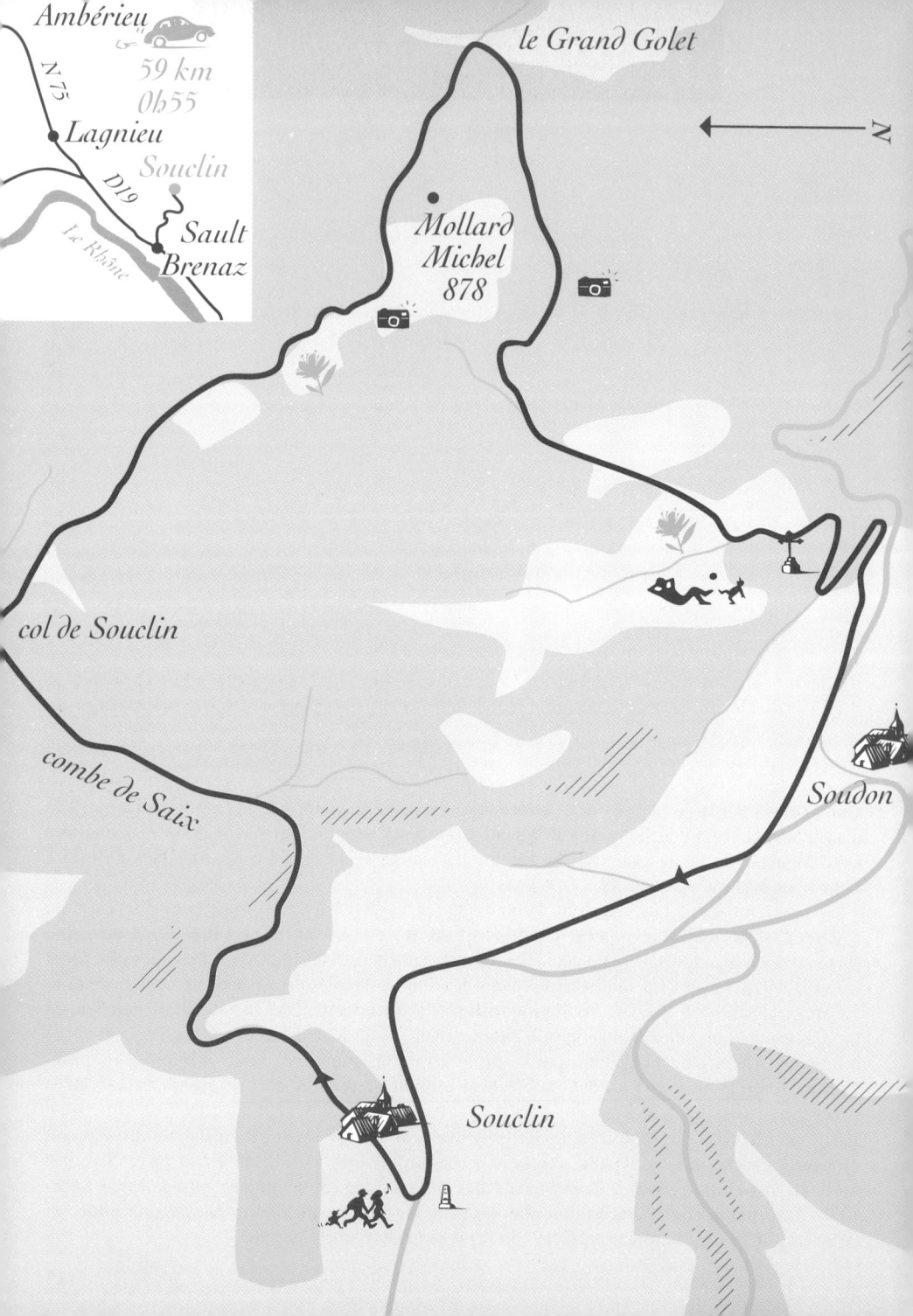

47 - Buisson Violet

 Souclin - 600 m    878 m

2 h 00   blanc/rouge sur la crête

 noisetiers   œillets, marguerites

En traversant les crêtes de Mollard Michel, ne tournez pas trop le regard vers le Sud : la centrale de Creys Malville pourrait vous casser le moral. Mais le Bugey s'offre sur tous les angles dans cette randonnée pleine de détours.

De Sault-Brenaz rejoindre Villebois et Bouis, puis par la D 99 qui monte à la Chartreuse de Portes, passer au croisement de Soudon et Souclin. Par la gauche, rejoindre ce dernier village. Se garer près de l'église.

Du parking de l'église, poursuivre dans la rue principale jusqu'à la sortie du village marquée par le monument aux morts. Là, monter à droite sur une route caillouteuse. Par quelques virages elle rentre dans le vallon de Saix puis débouche enfin sur des prés allongés (carrefour). Continuer droit jusqu'à une petite plantation d'épicéas marquant le Col de Souclin. Dans ce grand carrefour, tourner à droite (GR). Après un petit pré, le chemin caillouteux monte sèchement. Il tire à droite à l'approche de la crête faîtière alternativement boisée et découverte. Derrière une légère descente le chemin repasse à couvert (fougères, noisetiers). Il sort à nouveau des bois, monte encore et, tirant toujours vers le Rhône, au milieu des œillets et des marguerites, découvre l'Isle Crémieu au Mollard Michel. En sentier désormais, il joue un peu aux montagnes russes et passe versant Nord-Est. Au bout d'une descente (panneau du Lyon's Club "chemin de randonnée de Pays Jura-Massif Central") tourner à droite dans le Col du Grand Golet.

Le chemin descend et revient légèrement vers l'Ouest de plus en plus à découvert (vue sur la centrale et le Rhône). Au bout de la descente directe le petit chemin débouche sur une petite plaine composée de champs. Une route caillouteuse plus large lui succède. Après un écart vers l'Est (croix), elle revient en direction de Soudon et Souclin. A l'épingle suivante on peut continuer à descendre jusqu'à la route départementale. La suivre sur 100 m à droite puis, face au croisement qui domine Soudon, glisser dans le chemin amont qui va retrouver directement en traversée (croix) le panneau d'entrée de Souclin. Remonter jusqu'à l'église.

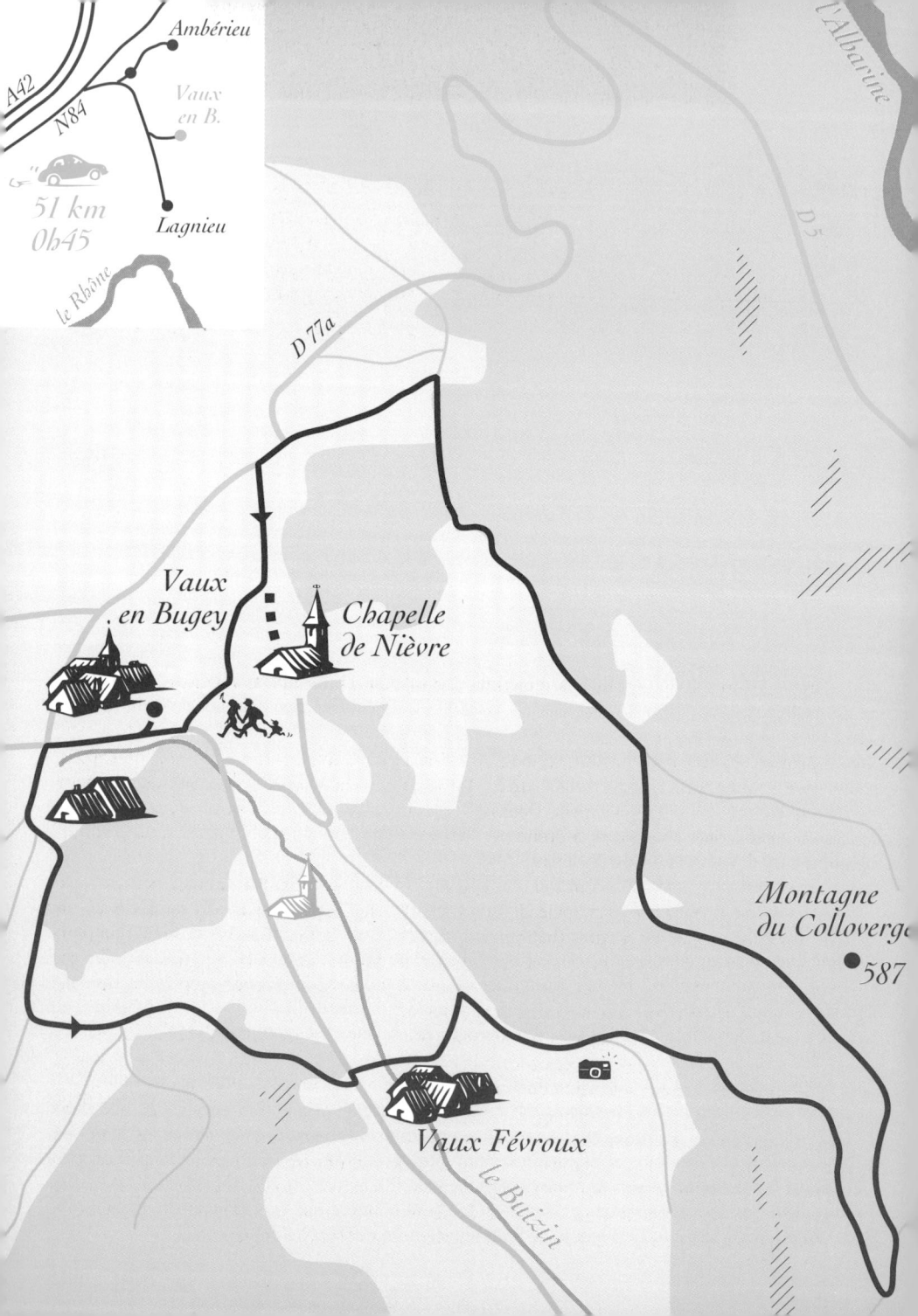

48 - Le Colloverge

 Vaux en Bugey - 280 m   528 m

 2 h 15   GR dans la traversée du Colloverge

La traversée des jardins de Vaux Févroux est tout aussi charmante que la descente sur la Chapelle de Nièvre est étonnante. Entre ces deux points vous aurez traversé la montagne du Colloverge par un GR bien balisé.

Par la route nationale 84, prendre la direction d'Ambérieu, puis celle de Lagnieu. Se rendre à Vaux en bugey.

De la place de la fontaine, revenir, le long du ruisseau du Buizin, jusqu'à la route principale. Tourner à gauche, passer devant la mairie. 100 m plus loin, monter à gauche dans un sens interdit qui rentre dans un lotissement. Dépasser le premier carrefour et avancer jusqu'au chemin qui, en lisière, monte en écharpe à droite vers un vallon que l'on remonte jusqu'à un petit col (panneau ; balisage bleu depuis le départ).

Descendre de l'autre côté sur le hameau et le vallon de Vaux-Févroux. Par des ruelles escarpées, rejoindre directement la rue principale. Faire un crochet de 10 m à gauche et rentrer sous un porche qui donne accès aux jardins (balisage jaune). Traverser un pont de pierre près d'un petit lavoir et attaquer directement le versant par un raide sentier. Il rejoint un chemin de traverse. Monter avec lui vers la droite et entrer dans un repli de la montagne (belle vue sur la combe du Buizin). A deux reprises prendre à gauche vers l'amont.

Le chemin est désormais plus raide et moins beau. Après une montée directe il débouche sur le plateau sommital boisé. Après un écart à droite on retrouve le GR qui arrive en biseau par la gauche. Revenir avec lui en direction du Nord. Après 200 m, prendre à gauche le chemin qui va traverser par l'Ouest toute la montagne du Colloverge. De l'autre côté, on retrouve au fond d'un pré l'itinéraire du versant Nord-Est. Le GR descend de plus en plus. Les échappées sur Vaux en Bugey sont de plus en plus remarquables. Peu après avoir dépassé une ligne à haute tension, plonger à gauche dans un chemin qui va rejoindre un virage de la route. Presque aussitôt après tourner à gauche sur un chemin qui va rejoindre et contourner par la droite la butte de la Chapelle de Nièvre (possibilité de passer par la chapelle). Rentrer dans Vaux en Bugey.

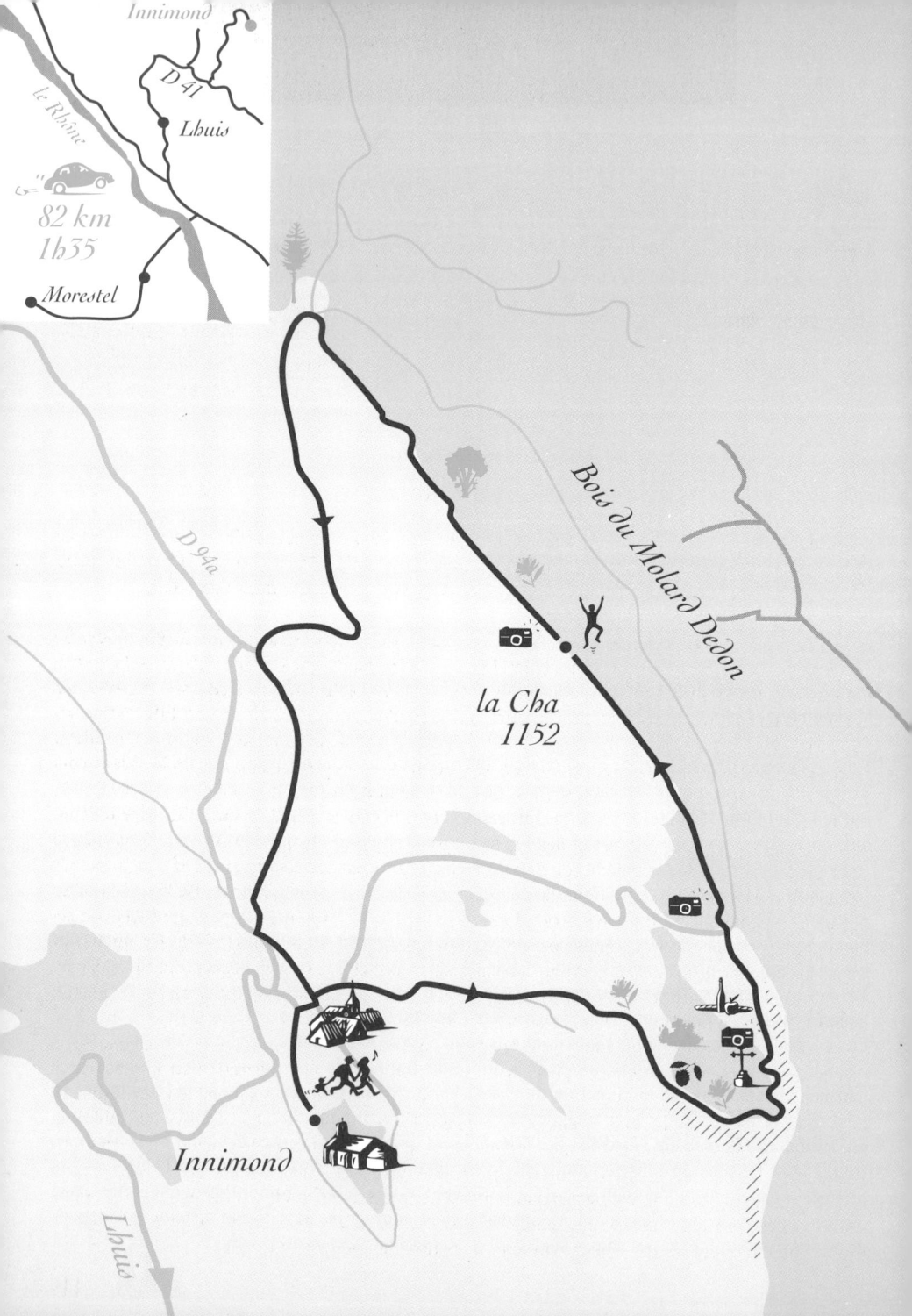

49 - Traversée de la Cha

🚗	Innimond - 894 m	⛰	1152 m
🏃	2 h 00	⛷	1 h 00
		🪧	blanc/rouge jusqu'au Col du Couard
🌸	lys martagons	🍓	fraises des bois

Voici la plus alpine de nos balades. Les lys martagons à deux pas du sentier de Grande Randonnée et les nombreux belvédères sont un enchantement. Le caractère exposé de quelques passages sous le calvaire de la Croix des Roches invite à la prudence. Si vous êtes accompagnés de jeunes enfants, il sera largement préférable de ne commencer l'itinéraire qu'à la table d'orientation.

Prendre la A 43 et sortir à l'Isle d'Abeau-Est. Rejoindre la D 522, puis la D 517 en direction de Morestel. Traverser le bourg pour rejoindre Lhuis, de l'autre côté du Rhône. De là, en onze kilomètres sinueux, rejoindre Innimond. Se garer au pied du Prieuré, à droite du village.

Revenir devant le petit foyer de ski de fond. Tourner à droite derrière la cabine téléphonique. Se décaler ensuite de 20 m à gauche et reprendre à droite la ruelle qui sort du village. A la sortie, quitter la route de la table d'orientation et prendre à droite le chemin (GR) qui traverse les jardins en direction de la croix du Calvaire que l'on doit rejoindre. Dans une bifurcation au milieu des champs, prendre à gauche. Dans les derniers prés le chemin se perd un peu (œillets, églantiers). N'hésitez pas et rentrez dans un sentier envahi ou passez au-dessus en longeant vers la droite la dernière pièce d'herbes sèches. Les deux variantes se rejoignent très vite. Dès lors le sentier est dégagé. Il sillonne en montant tranquillement vers le Sud-Est, au milieu des œillets, des marguerites, des campanules et des lys martagons. La trace s'approche du bord de la falaise et la longe. Se décaler à gauche et monter deux raidillons successifs (fraises des bois, lys martagons). Déboucher sur un point de vue ouvert sur le vide... et la plaine de Belley. Remonter à gauche pour rejoindre la grande croix dans un dernier coup de reins (un passage exposé mais facile). Le panorama est largement ouvert sur les Savoies, le Mont-Blanc, l'Isle Crémieu... et Lyon. Le sentier part dans le dos de la Croix, en direction de la montagne de la Cha. Il se décale un peu vers la droite et rejoint la route qui monte d'Innimond (parking, carrefour, table d'orientation). Remonter directement le chemin caillouteux et rébarbatif qui s'attaque au flanc de montagne. Après 100 m de dénivelée, la pente s'atténue et l'on sort progressivement des bois de résineux. Le chemin, de plus en plus herbeux, va parcourir en faux plat la longue crête faîtière (œillets).

Le chemin devient sentier et marque quelques incursions sous les hêtres au milieu des bleuets. De petites descentes annoncent la plongée sur le Col de Couard. Dans ce carrefour de chemins, abandonner le GR. Au milieu des grandes gentianes, des marguerites et des orchis, descendre la piste qui à gauche, ramène vers Innimond. Au bas de la descente, quelques mètres avant la route, tourner à gauche dans un beau chemin enserré de haies qui débouche en haut du village. Descendre, traverser les maisons et remonter au parking du prieuré.

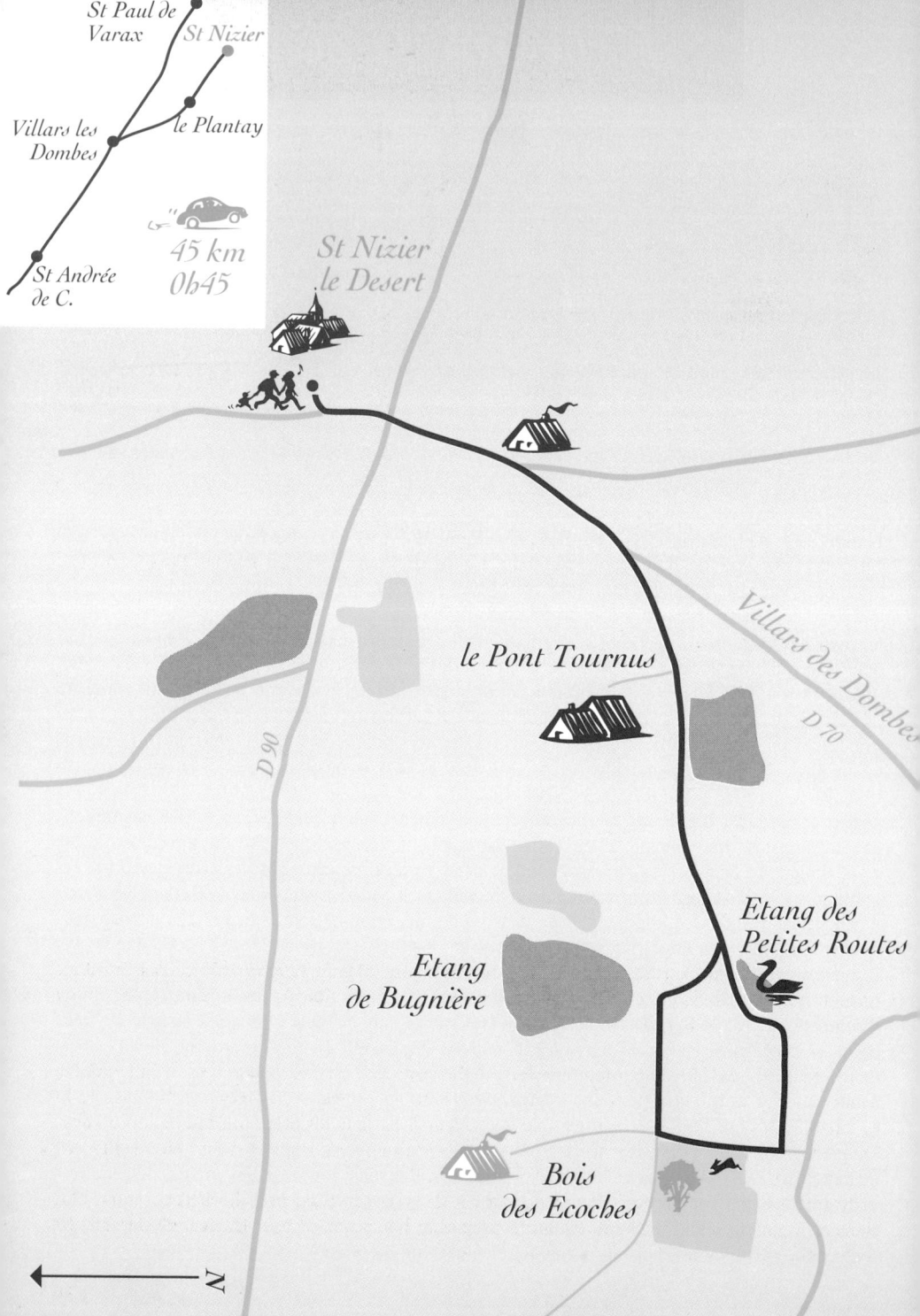

50 - Circuit des Chênes

 St Nizier le Désert   Bois des Ecoches - 286 m

🚶 1 h 30   blanc

 La Dombes est de tradition secrète et farouche [1]. Son caractère l'a préservé de toute dégradation, mais les itinéraires pédestres sont encore peu nombreux. La boucle des Chênes, au départ de St Nizier, révèle de belles surprises : des lapins de garenne traversant le chemin ou des canards colverts glissant sur les étangs.

(1) Pour en savoir plus, consulter l'ouvrage de Jean-Marc Blache et Elisabeth Cossalter « La Dombes » Ed. Didier Richard, 1993

Quitter Lyon par la route de Bourg en Bresse. Quelques kilomètres après Villars les Dombes, emprunter à droite la D 70 en direction du Plantay et de St Nizier. Avancer jusqu'à l'église du village et se garer sur la place.

Revenir à pied sur la D 70 qui nous ramène en direction de Villars les Dombes. 300 m après la pointe de la Vigne, s'engage à droite une petite route en cul-de-sac. S'avancer et dépasser la ferme du Pont Tournus. Un chemin bordé de chênes forme une allée et prolonge la petite route. Les chênes disparaissent et le chemin plus petit s'incline vers la gauche. Longer l'étang des Petites Routes et avancer jusqu'à un chemin transversal.
Tourner à droite et longer le Bois des Ecoches. A la corne du bois, revenir encore à droite. Ce chemin va retrouver l'itinéraire de l'aller au niveau de l'étang des Petites Routes. Retourner à St Nizier le Désert.

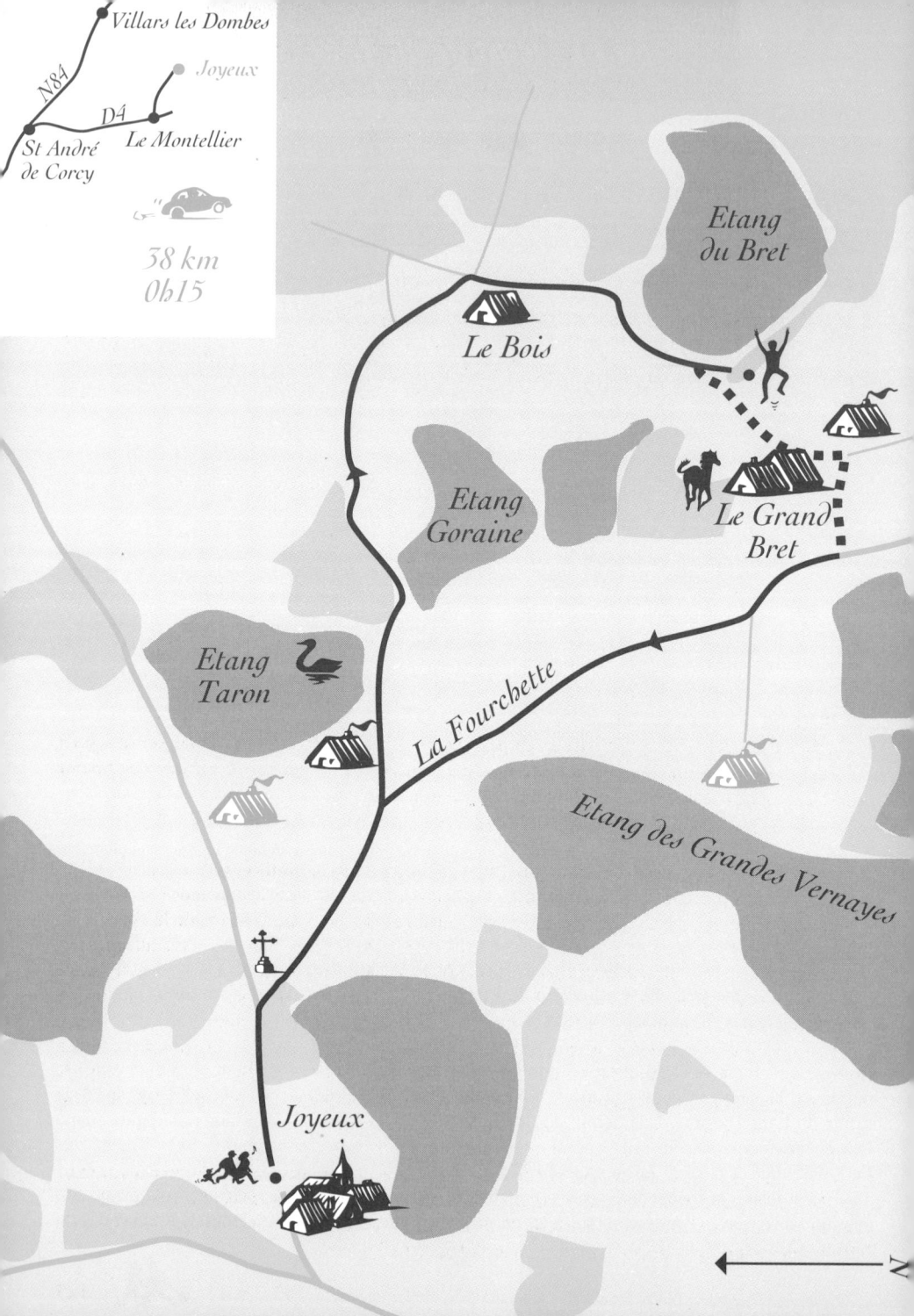

51 - Les Etangs de Joyeux

Joyeux - 290 m   étang du Grand Bret - 298 m

1 h 20   1 h 10   jaune

canards et gibier d'eau

Au départ du charmant village de Joyeux, le bien nommé, nous allons déambuler à la rencontre des étangs. Nous profitons ici du balisage qui rallie Saint Eloi. L'itinéraire se déroule en aller-retour mais il est possible de rentrer plus rapidement par la route vicinale de Garette qui nous découvre d'autres plans d'eau.

Rejoindre le joli petit village de Joyeux en passant par le Montellier. Au préalable, on sera sorti de l'agglomération lyonnaise par la route de Bourg en Bresse pour tourner à droite dans Saint André de Corcy et rallier ainsi le Montellier. A Joyeux, se garer sur la place de l'église. Pour agrémenter la journée, on peut, sans grand détour, rentrer à Lyon en passant par Pérouges.

Reprendre la route qui passe devant l'église, vers la droite (jaune). Sortir tout de suite du village et s'avancer jusqu'à une fourche marquée d'une croix. Avec le balisage prendre la route de droite. Après 500 m quitter la route et tourner à gauche en direction de la ferme de la Fourchette que l'on aperçoit déjà (jaune). Traverser entre les bâtiments (chiens bruyants mais attachés) et poursuivre sur un chemin de terre. Longer bientôt l'Etang Taron (canards). Le chemin rentre sous bois et vire vers la gauche devant l'Etang Goraine. Au terme d'une petite montée il sort de sous les chênes et repart vers le Sud. 100 m avant la ferme du Bois, notre itinéraire balisé traverse un croisement. Rejoindre la ferme et longer les bâtiments par la gauche (chemin herbeux et peu visible au début). Le chemin herbeux se dirige directement vers le bois Bouchard. A l'orée du bois, il tourne vers la droite (jaune). L'itinéraire va longer l'Etang du Bret que l'on ne contemplera bien qu'un peu plus loin (chemin latéral).

Le retour à Joyeux peut être opéré par le même itinéraire ou, plus directement par les routes. Pour cette seconde option, continuer sur le chemin balisé et dépasser la ferme du Grand Bret. Un peu plus loin, au niveau des maisons du Petit Bret, tourner à droite pour rejoindre la route de Joyeux. Par la droite, cette route ramènera au village en 4 km environ.

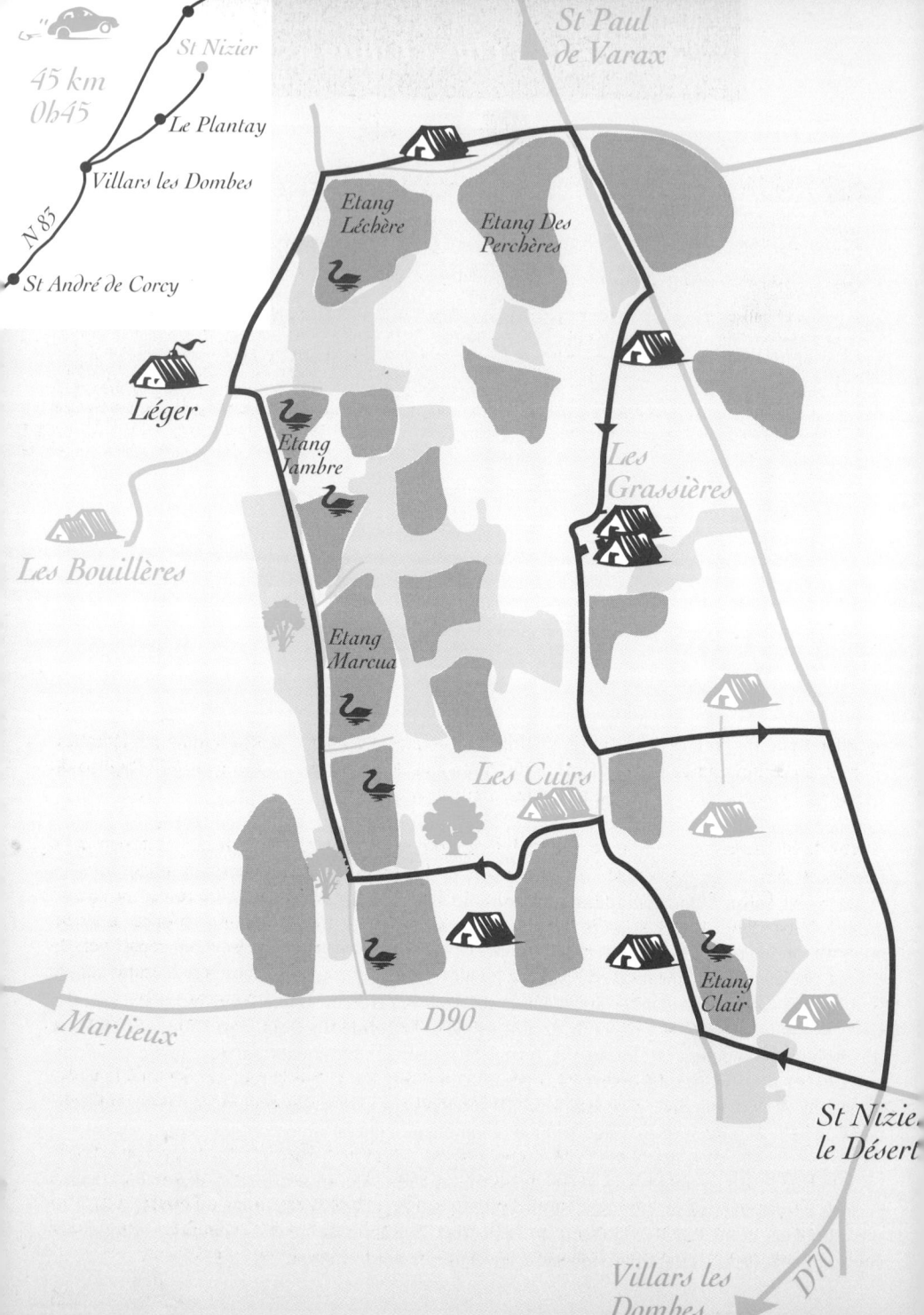

52 - Les Onze Etangs

 St Nizier le Désert - 280 m    280 m

 3 h 00   thou jaune.

 canards, oies, cygnes, grenouilles et libellules ; et gibier d'eau divers.

Le thou, qui balise notre circuit, est le symbole de la Dombes. C'est lui qui régule les étangs et perpétue l'assolement, traditionnellement pratiqué dans la région. Ainsi aucune carte de la Dombes n'est tout à fait juste : les étangs se créent ou disparaissent au gré des années et peuvent laisser la place... à un champ de maïs. L'itinéraire des Onze Etangs, que nous devons au Syndicat d'Initiative de Villars les Dombes, est propice à l'observation des colverts, sarcelles, hérons et autres cygnes. Ne pas oublier jumelles ou téléobjectifs pour l'observation. L'usage d'un vélo pour les jeunes enfants peut être judicieux en raison de la longueur relative du parcours (12 km).

Quitter Lyon par la route de Bourg en Bresse. Quelques kilomètres après Villars les Dombes, emprunter à droite la D 70 en direction du Plantay et de St Nizier. Avancer jusqu'à l'église du village et se garer sur la place (panneau des circuits pédestres).

Sortir de St Nizier par la route de Villars les Dombes et tourner aussitôt à droite en direction de Marlieux. Avancer sur 600 m et tourner à droite sur la première petite route qui se dirige vers les Baies et les Cuirs. On aperçoit déjà à sa droite l'Etang Clair et ses canards. La route marque un coude vers la gauche. On la quitte aussitôt après, derrière une maison, pour s'enfoncer dans un chemin qui va vers l'Ouest. Il marque un coude à gauche et dans un croisement, repart vers la droite sous une allée de chênes. Il longe un grand étang à l'angle duquel il monte à droite vers le Nord, entre bois et étangs. Selon les années nous en longerons successivement quatre ou cinq, notamment le Marcua, le Neuf Léger et le Jambre. Par un petit crochet à gauche, rejoindre la petite route de Léger.
La suivre sur un petit kilomètre avant de tourner à droite sur la route qui contourne l'Etang des Léchères. Passer au large de la ferme de Perchi pour s'en aller rejoindre la départementale qui relie St Paul de Varax et St Nizier le Désert.
Tourner à droite vers St Nizier et 50 m après le bois emprunter la petite route qui conduit à la ferme des Grassières. Tourner à droite avant de traverser la cour, entre le premier bâtiment et la ferme. Suivre vers la gauche le chemin bordé d'arbres (passage de l'Etang Portery) jusqu'au croisement de l'Etang des Epansardières. Tourner à gauche pour aller rejoindre à nouveau la route départementale. Par cette dernière, vers la droite rentrer dans St Nizier le Désert.

Une sélection dans la sélection : les 10 plus belles balades de l'auteur

	Page
1 - Chapelle de Saint Bonnet	19
8 - Les Allanières de Theizé	33
16 - Le Tour du Bezin	49
20 - Le Grand Betey	57
23 - Le Mont Pottu	63
27 - Les Trois Dents	73
30 - La Petite Olagnière	79
39 - L'Etang de Moras	97
45 - Le Crêt d'Ordonnaz	111
52 - Les Onze Etangs	125

Classement des balades par secteur

	Temps de marche aller-retour	Sortie complète (y compris trajet voiture aller-retour)	Page
BEAUJOLAIS - MONT D'OR			
2 - Les Pierres Folles	0 h 55	2 h 00	21
4 - Le Mont Cindre	1 h 50	2 h 20	25
1 - Chapelle de St Bonnet	0 h 50	2 h 30	19
5 - Le Rebat	1 h 50	2 h 30	27
8 - Les Allanières de Theizé	2 h 30	3 h 40	33
6 - Crêt de Neiry	2 h 00	4 h 00	29
3 - Roche de Solutré	1 h 45	4 h 20	23
9 - Tour de Morgon	2 h 50	4 h 50	35
7 - Roche d'Ajoux	2 h 15	5 h 00	31
10 - La Croix de Rochefort	4 h 00	6 h 00	37
LES MONTS DU LYONNAIS			
12 - Voie Romaine de St Bonnet le Froid	1 h 20	2 h 10	41
14 - Le Sentier des Terres	1 h 25	2 h 15	45
11 - Crêtes du Grand Bois	0 h 55	2 h 20	39
16 - Le Tour du Bézin	1 h 30	2 h 20	49
15 - Les Aqueducs de St Maurice	1 h 30	2 h 30	47
20 - Le Grand Betey	1 h 50	2 h 40	57
21 - La Croix du Ban	2 h 00	2 h 40	59
17 - Le Signal de Saint André	1 h 35	3 h 00	51
19 - La Montée de Riverie	1 h 45	3 h 00	55
18 - Le Crêt de l'Aubépin	1 h 40	3 h 10	53
13 - La Tour Matagrin	1 h 20	3 h 15	43
23 - Mont Pottu	2 h 05	3 h 15	63
22 - Mont Popey	2 h 00	3 h 20	61
24 - Le Grand Chatelard	2 h 15	3 h 40	65

*A mes trois garçons, Michel, Pablo et Raphaël,
qui m'ont accompagné dans la confection de ce guide...*

	Temps de marche aller-retour	Sortie complète (y compris trajet voiture aller-retour)	Page
LE PILAT			
26 - Le Saut du Gier	1 h 05	3 h 15	71
29 - Le Mont Monnet	2 h 00	3 h 30	77
30 - La Petite Olagnière	2 h 10	3 h 30	79
25 - Chapelle de Saint Sabin	1 h 00	3 h 45	69
28 - Les Gorges de Malleval	1 h 50	3 h 50	75
32 - Chartreuse de Sainte Croix	2 h 55	4 h 25	83
27 - Les Trois Dents	1 h 30	4 h 30	73
31 - Les Crêtes du Pilat	2 h 55	5 h 50	81
LES TERRES FROIDES			
33 - Les Etangs des Chaussées	1 h 40	3 h 20	85
34 - La Croix des Cochettes	2 h 15	4 h 45	87
35 - Notre-Dame de Milin	3 h 00	5 h 15	89
L'ISLE CREMIEU			
36 - Chapelle du Chatelan	0 h 55	2 h 15	91
37 - Vallon de Chalignieu	1 h 10	2 h 15	93
38 - Le Grand Mollard	1 h 10	2 h 30	95
39 - L'Etang de Moras	1 h 15	2 h 35	97
41 - Le Traversa	2 h 15	3 h 15	101
40 - Circuit de la Balme	1 h 50	3 h 20	99
42 - Boucle de Larina	2 h 30	3 h 45	103
LE BUGEY			
43 - Tour de Saint Denis	1 h 00	2 h 40	107
47 - Buisson Violet	2 h 00	3 h 40	115
44 - Mont de Cordon	1 h 20	3 h 50	109
45 - Le Crêt d'Ordonnaz	1 h 55	4 h 00	111
48 - Montagne du Colloverge	2 h 15	4 h 05	117
46 - Croix de Saint Clair	2 h 00	4 h 50	113
49 - Traversée de la Cha	3 h 00	6 h 15	119
LA DOMBES			
50 - Circuit des Chênes	1 h 30	2 h 40	121
51 - Les Etangs de Joyeux	2 h 30	3 h 20	123
52 - Les Onze Etangs	3 h 00	4 h 15	125

Note : Le temps total de sortie, qui comprend le trajet voiture aller-retour, représente seulement un ordre d'idée. En effet, il n'intègre pas les temps morts de début et fin de balade, mais surtout il ne peut prendre en compte les trop fréquents problèmes de circulation. Vous devrez en outre apporter des corrections de temps en fonction de votre adresse dans l'agglomération lyonnaise.